리더라면
프랙티스
하라!

리더라면 프랙티스하라!

초판 1쇄 인쇄 2023년 1월 30일
초판 1쇄 발행 2023년 2월 6일

글	지현석
펴낸곳	(주)거북이북스
펴낸이	강인선
등록	2008년 1월 29일(제2020-000242호)
주소	04091 서울특별시 마포구 토정로 222
	한국출판콘텐츠센터 210호
전화	02.713.8895
팩스	02.706.8893
홈페이지	www.gobook2.com
편집	오원영, 류현수
디자인	김그림
디지털콘텐츠	이승연, 임지훈
경영지원	이혜련
인쇄	(주)지에스테크

ISBN 978-89-6607-454-9   03320

미래를 바꾸는 리더십 훈련

리더라면
프랙티스
하라!

지현석 지음

북소울

프랙티스는
성품과 행동을 다루어
성과를 내는
리더십 훈련 과정이다.

You never give up.

절대 포기하지 마라.

아버지가 내게 자주 하셨던 말이다. 항상 근면하셨던 아버지는 2017년 3월, 갑작스럽게 돌아가셨다. 가까운 혈육을 잃어본 사람은 알 것이다. 그 끊어짐의 아픔이 어떠한 것인지를.

　미주개발은행Inter-American Development Bank에서 경제 컨설턴트로 일하기로 한 시점이었다. 마침 한국에 나와있던 나는 혼자서 아버지의 장례를 치러야 했다. 캐나다에 사는 형과 형수가 한국행을 서둘렀으나 장례 일자를 맞추기 어려웠다. 나는 하염없이 통곡했다. 전 세계를 돌아다니며 사람 돕는 일을 한다고 스스로 자부했지만, 정작 가까운 가족을 돕지 못했다는 자책이 일었다. 가족도 돕지 못하는 지식Knowledge과 훈련Practice은 의미가 없다는 생각도 들었다. 미주개발은행 업무를 6개월 미뤘다.

　아버지를 떠나보내며 내 삶에도 변화가 찾아왔다. 때마침 트럼프 대통령의 미국 근로자 우선주의 정책과 6개월 미룬 업무 시작 시점이 교묘히 맞물려 미국 정착이 틀어졌기 때문이다. 미국 생활을 정리한 후 1살 된 딸과 배가 부른 아내와 함께 한국에서 삶의 터전을 꾸렸다.

자연환경이 좋은 강원도, 아름다운 속초에 안착했다. 나는 미국, 중남미 그리고 전 세계를 돌아다니면서 얻은 경험과 성찰, 이론을 통합해서 글을 쓰기로 했다. 떠나보낸 생명과 새롭게 맞이하는 생명에 대한 경험도 글을 쓰는 원동력이 되었다. 나 그리고 내가 만난 모두에게 있었다면 더 좋았을 훈련Practice과 가치Value가 이 글의 근간이 되었다.

프랙티스Practice는 훈련, 연습, 실행, 책략, 습관이라는 다양한 뜻을 갖는다. 이 책에서는 주로 훈련과 연습의 의미로 혼용하여 사용했다. 나는 이 프랙티스 개념이 우리나라 젊은 직장인들 삶의 일부가 되기를 원하고, 인재 개발에도 적용될 수 있기를 바란다.

우리는 가정에서, 때로는 직장과 학교에서 자신도 모르게 다양한 종류의 프랙티스를 한다. 우리가 시간과 에너지를 어디에 집중하여 쓰는지 살핀다면 자신이 어떤 프랙티스를 하고 있는지 알 수 있다. 지식인으로서 어떤 프랙티스를 하는가를 통해, 한국 사회의 인적 자원 경쟁력과 리더십 경쟁력이 드러난다고 생각한다. 우리는 자신을 위해 그리고 사랑하는 사람을 위해, 필요한 프랙티스를 책임 있게 수행해야 한다. 이 책에서는 어떤 프랙티스가 중요한지에 대해서 이야기할 것이다.

한국의 경제 규모는 세계 191개국 중 10위다. 2021년 IMF가 국내총생산을 기준으로 발표한 결과다. 하지만 노동자 생산성은 2020년 기준 OECD 38개국 가운데 27위다. IMF는 매년 노동생산성을 개선하라고 주문한다. 독일보다 576시간 더 일하는 한국의 노동생산성은 왜 38개국 중 27위일까? 한국의 평균 근로 시간은 1,908시간이다. 멕시코 2,124시간과 코스타리카 1,913시간 다음으로 많다.

한국의 리더들은 높은 성과를 내야 한다. 더불어 워라밸Work and Life Balance을 지키려 애쓴다. 상반되는 2가지 목표를 성취해야 하는 어려움이 있다. 적은 시간 일하면서 목표를 달성하는 효율성과 이를 지속할 수 있는 팀 구축 경영 방법을 찾아야 한다. 리더들이 이 문제 해결의 열쇠를 찾을 수 있을까? 이 열쇠를 찾는 열쇠는 리더 자신의 프랙티스에 있다. 리더들이 이 책을 읽어야 하는 이유다.

리더십 관점에서 프랙티스는 단순한 이론이 아니라 현실이다. 머리로만 아는 것이 아니라, 내면의 변화를 통해 행동으로 드러나도록 하는 훈련이다.

하버드대는 리더십 수업Exercising Leadership이 유명하다. 나는 등록금 본전을 뽑자는 단순한 생각으로 그 유명한 리더십 수업을 들었다. 그게 시작이었다. 이후 여러 리더를 관찰할 기회를 얻었고, 무엇보다 코치와 같은 훌륭한 리더들과 함께 일하며 비로소 리더십의 본질에 다가가기 시작했다.

리더십은 '앎'과 '행동'의 일치성Integrity이 핵심이다. 하지만 이미 해야 할 일이 많은 리더는 자신의 앎과 행동을 챙길 여력이 부족하다. 여기에서 리더로서의 성공과 실패가 갈린다.

나는 리더십 코칭을 꾸준히 진행해 왔다. 프랙티스를 실천하는 소규모 커뮤니티를 운영하면서, 함께하는 리더들의 다양한 내면 변화를 목격했다. 내면이 변화해야 행동의 변화가 따른다. 설령 행동이 변화할지라도, 내면의 가치와 생각이 변하지 않는 한 지속가능성이 보장되지 않았다.

CEO, 임원, 관리자에 이르기까지 프랙티스가 없는 배움은 공허하다. 프랙티스는 리더들이 해야 할 과업의 한 부분이다. 이제 리더들이 자신의 시간을 프랙티스에 할애해야 한다.

프랙티스의 기본 전제는 인간 잠재력에 대한 신뢰다. 이것은 누구에게나 자신만의 강점과 재능이 있다는 관점이다. 이러한 관점이 코칭의 기본 철학이다. 따라서 코칭적 방법론을 프랙티스에 활용했다. 꼭 필요한 성과 관리 방법론, 비즈니스 마인드셋, 협업 등 비즈니스 소프트 역량의 기술과 관점도 더했다. 배경과 성향이 어떻든 프랙티스를 통해서 훌륭한 리더가 될 자질을 발견할 것을 확신한다.

성과를 내는 뛰어난 조직의 리더, 행복한 커뮤니티인 일터의 일원.

따듯한 가족의 구성원을 함께 상상하면서 프랙티스를 시작하자. 절대 포기하지 말고 훈련하라.

훌륭한 리더는 태어나는 것이 아니라
훈련을 통해서 만들어지기 때문이다.

리더로서 훈련하는 모든 분에게 이 책을 바친다.

지현석

자신의 내면이 변하지 않으면 리더십은 모양만 있을 뿐이지 능력은 없습니다. 프랙티스를 통해 리더의 내면이 변하면 조직이 변하고 나아가 사회가 변합니다. 리더십 훈련을 위한 최고의 지침서 『리더라면 프랙티스하라!』를 적극 추천합니다.

최도성 한동대학교 총장

리더라는 직책은 회사에서 주지만 리더십 발휘는 개개인의 역량에 따라 영향력의 범위가 천차만별임을 봅니다.

더더욱 지금은 성과 관리에만 매몰되어 작은 바람에도 마음이 휩쓸리고 자기의 강점을 쓰지 못하게 하는 어려운 터널의 시기입니다.

이 책은 더 큰 영향력을 발휘하기 위해 리더가 바라봐야 할 지평과 성찰 그리고 실행을 보여줍니다. 자신의 선한 본성을 깨우며 영향력을 더 키워나가고 싶은 리더들에게 이 책을 권합니다.

현미숙 (주)하우코칭 대표이사

리더는 연고주의나 경험주의보다는 개념 중심적인 관계를 추구해야 합니다. 세상에서 가장 지혜로운 왕이었다고 하는 솔로몬은 "철이 철을 날카롭게 하는 것같이 사람이 그 친구의 얼굴을 빛나게 하느니라."라는 말을 남겼습니다. 성경에서는 "쇠는 쇠에 대고 갈아야 날이 서고 사람은 이웃과 비비대며 살아야 다듬어진다.(잠언27:17)"라고 합니다.

마음이 따뜻하고, 새로운 경험에 도전하고 싶은 용기가 있으면서, 개념과 생각 그리고 세계관을 같이 할 수 있는 사람이라면, 더는 바랄 게 없는 최고의 친구이며 리더입니다. 작은 나라일수록 좋은 리더가 필요합니다. 그러나 좋은 리더는 저절로 만들어지는 것이 아니라, 성품과 재능을 부단히 갈고닦는 중에 길러집니다. 그런 면에서 "훌륭한 리더는 태어나는 것이 아니라 훈련을 통해서 만들어진다."라는 저자의 말에 전적으로 공감합니다. 좋은 리더로 성장하고 싶다면 꼭 읽어야 할 필독서입니다.

성인경 라브리 코리아 대표, 청년 멘토

리더십에 대한 새로운 시각과 방법론을 소개하는 시기적절한 책입니다. 올바른 리더의 마음Heart에 기반한 지식Head과 행동Hands의 일치성Integrity은 비로소 이 시대가 간절히 바라는 리더십 유형이라고 확신합니다. 저자는 다양한 경험과 이를 바탕으로 한 성찰적 스토리텔링을 통해 더 나은 리더가 되기 위해 어떤 것을What 어떻게How 추구할지를 명확히 소개합니다.

김흥수 아시아리더십센터 대표

'일의 성과는 사람이다.' 구성원이나 파트너 때문에 울고 웃었던 지난 세월을 돌이켜보면, 충분히 공감되는 문구입니다. 막연하게 화두만 던지는 데 그치지 않고, 사람 중심의 성과를 낼 수 있는 사례와 방법론까지 제시합니다. 비록 현실은 냉혹할지라도 사람의 체온만큼은 따뜻합니다.

김채윤 주식회사 케뎀 대표이사

창업하고 보니, 리더가 된다는 것은 일반적인 조직에서의 리더십보다 훨씬 복잡하고 어려운 일이더군요. 저자는 비즈니스 코치로서 깊은 경청과 영감 있는 질문으로, 내가 안다고 생각하면서도 행동하지 않는 부분을 깨닫게 해주었습니다. 앎과 행동의 일치에 대해 지속해서 강조합니다. 이 책을 읽으면 마치 저자와 대화를 나누고 있는 것 같습니다. 『리더라면 프랙티스하라!』를 읽는 여러분도 영감을 얻으시길! 결국, 일의 목적은 사람입니다.

정선희 에스큐브디자인랩 대표이사

리더십에서 가장 먼저 확인할 핵심 자질은 리더의 마음이다.

리더의 마음은 늘 정조준되어야 한다. 어디에? 바로 사람이다. 리더는 사람을 위해 존재한다. 그러니 '일'이 아닌 '사람', 사람에 집중해야 한다. 사람의 생명을 살리는 건 의사만이 아니다. 리더는 육체의 질병을 다루지는 않지만, 보이지 않는 영역에서 한 사람이 제대로 살아갈 수 있도록 도울 수 있다. 숭고한 일이다. 이런 특권이 있으니 리더는 자신의 자질을 살펴야 하는 책임이 따른다.

직장인들은 사람 때문에 힘들어한다. 각자의 일터에서 하루 대부분 시간을 보내고, 많은 인간관계를 형성한다. 일터가 지옥 같다면 그것만큼 불행한 일도 없다. 우리 사회에서 리더들이 변한다면, 엄청난 혁신을 불러올 수 있다. 리더는 조직의 크고 작음과 상관없이 우리 사회에 강력한 힘과 영향력을 미친다. 리더는 그렇게 중요한 존재다.

이 책에서 소개하는 프랙티스의 핵심 원리는 다음과 같다.

- 사람에 대한 관심을 일의 성과(결과)보다 우선으로 여긴다.
- 사람의 성품(내면)을 보는 노하우를 배워 업무에 적용한다.

- 사람의 정체성과 일상적 업무를 연결하여 이해한다.

- 사람을 연결할 때는 내면에 대한 이해를 바탕으로 한다.

- 사람을 채용하는 프로세스는 성품을 기준으로 한다.

- 사람과의 의사소통을 기대 행동 가이드라인으로 표현한다.

- 사람의 성품, 강점, 내면을 기반으로 팀을 구축한다.

- 사람들에게 상호 간의 성과를 점검하는 책임감을 부여한다.

- 리더십 프랙티스를 실천하여 동료 리더를 양성한다.

나도 좋은 리더와 나쁜 리더를 만났다. 모두에게 감사드린다. 그들은 내가 리더로서 어떻게 행동해야 하는지에 대한 훌륭한 가이드가 되었다. 우리는 존경할 만한 리더를 찾는다. 나 또한 그랬다. 하지만 이제는 그런 막연한 기대에서 벗어나자. 스스로 훌륭한 리더가 되기를 꿈꾸자. 자신의 내면과 행동을 바라보면서 리더십 훈련을 본격적으로 시작하면 좋겠다.

Part 1

리더는 사람을 위해 존재한다

1
일의 성과는 사람이다

사람을 보지 못하는 리더

사람은 보지 못하고 일에만 집중하는 리더를 다수 만났다. 물론 주관적인 판단이다. 하지만 이 판단을 무시할 수 없다. 함께 일하는 동료의 평가는 그 사람의 평소 행동과 태도를 반영한다.

나는 지금도 한 국제기구에서 시작한 근무 첫날을 잊을 수 없다. 큰 기대를 안고 회사에 도착했는데 아무도 나를 맞아주지 않았다. 물어 물어서 내 자리를 찾아갔다. 나의 리더는 부서에서 꽤나 영향력이 있는 분이었다. 그는 오랫동안 전문가로서 훌륭한 업적을 쌓았다. 하지만 자신과 함께 일하는 사람들에게는 관심이 없어 보였다. 그러니 회의 때나 함께 출장을 갈 때도 사람 냄새를 느낄 수 없었다. 그래도 나는 리더를 자주 찾았다. 내가 어떤 일을 해야 하는지, 언제까지 해야 하는지와 같은 구체적인 업무 방향성을 알고 싶어서였다. 하지만 그 간극은 좁혀지지 않았다. 그에 대한 주위의 평판은 이랬다. 외교적인 일에는 적극적이지만 자신의 아랫사람에게는 큰 관심이 없다는 것. 그를 존경하는 구성원은 거의 없었다. 이 첫 직장의 경험은 나에게 많은 것을 느끼게 했다.

구성원은 리더의 관심과 인정을 먹고 자란다.
마치 아이가 부모의 관심과 사랑을
먹고 자라는 것과 같은 이치다.

구성원들은 리더의 관심을 원한다. 내가 조직 문화와 관련한 컨설팅 일을 했을 때다. 모 회사의 대표는 세상을 바꿀 만한 비전을 가지고 스타트업을 운영했다. 그는 대표로서 챙겨야 할 일뿐만 아니라 많은 연구와 과제, 투자자와 거래처 미팅으로 늘 시간이 부족했다. 그렇게 열심히 일했지만 회사 경영은 녹록지 않았다. 이상하게도 10명 남짓한 구성원들은 갈등이 잦았고, 작은 조직에 분파가 생기니 협업이 원활하지 않았다. 대표는 많은 업무량과 더불어 불평과 갈등이 팽배한 조직이 큰 스트레스였다.

나는 구성원들에 대한 동기부여를 이슈로 대표와 대화를 나눴다. 칭찬과 격려를 자주 하는지부터 질문했다. 월급 받은 만큼 일하는 게 당연한데, 무슨 칭찬을 하냐는 대답이 돌아왔다. 순간, 조직 갈등의 원인이 대표한테 있다는 걸 직관적으로 깨달았다. 칭찬과 격려, 지지와 인정이라는 윤활유가 없는데 그 조직이 잘 돌아갈 수 있겠는가.

존경받는 리더를 만나기 힘든 시대다. 2020년 11월 트렌드모니터 기사를 인용하면 직장인의 91.5%가 스트레스 상황이라고 한다. 스트레스를 가장 많이 주는 대상은 다름 아닌 직장상사다. 존경하지 않는 리더를 따라야 하는 것만큼 큰 고통은 없다.

사람이 먼저여야 할 자리를 다른 것들이 차지한다. 돈 혹은 성공이 사람보다 우선시된다. 리더가 너무나 바쁜 나머지 시간과 에너지를 쏟아야 할 본질을 간과하면 다른 것들이 그 자리를 채운다. 안타까운 현실이다.

사람이 일의 목적이 아니고 수단이라면? 당사자들은 그것을 직감적으로 느낀다. 고통과 스트레스의 원인이 된다.

해외 부동산 투자회사에서 일한 경험도 나눠본다. 나는 프랑스인 대표를 모셨다. 그는 본인의 업무도 많고 출장도 잦았다. 바쁜 와중에도 자주 명령하거나 권위를 표출했다. 구성원들은 그의 위압적인 태도를 무서워했고 자유로운 의견 제안을 꺼렸다. 나는 조직 문화를 바꿔보려고 대표에게 다양한 의견을 제시하고, 전체 회의 시간에 인식을 전환할 질문도 했지만 소용없었다. 대표는 자신 뜻대로 일을 추진하는 것이 구성원들이 행복하게 일하는 것보다 중요했다. 일하면 일할수록 나는 문서를 작성하는 로봇 그 이상의 존재가 아니라는 자괴감이 들었다.

개인의 생각이 존중되지 않고 강압적인 환경에서 일하는 것은 견디기 힘든 경험이었다. 조직의 한 일원으로서 기업 문화와 가치를 존중해야 했지만, 인간의 존재 가치를 인정하지 않는 문화를 받아들이기 어려웠다. 그 프랑스인 대표는 다른 중요한 일들, 이를테면 투자자와의 관계 같은 업무에 떠밀려 소수의 구성원은 돌아볼 시간이 없었던 걸까? 나의 경험에 따르면 그건 시간의 문제가 아니다.

존재만으로도 사람은 가치가 있다

성과를 기준으로 판단하면 사람을 가치 있게 볼 수 없다. 사람 그 자체가 가치 있는 존재라는 인식의 전환이 필요하다. 직장에서 성과를 내는 구성원과 그렇지 못한 구성원으로 구분하는 프레임이 작용하고 있다는 게 매우 안타깝다. 사람이 물질로 이루어진 존재라는 관점이 리더에게 있는 것은 아닌지, 구성원을 판단할 때 유용함과 그렇지 않음 정도로 판단하는 것에 그치고 있는 것은 아닌지 스스로에게 질문할 필요가 있다. 이러한 경향에 저항해야 한다.

구성원을 단순히 성과를 내는 도구로
보는 태도를 버리자.

만일 인간이 로봇이라면 훨씬 다루기 쉬웠을 것이다. 내가 생각한 대로 명령하면 정해진 시간 내에 결과가 나오는 그런 로봇 말이다. 때맞춰 가끔 기름칠하고 부서진 곳은 수리해 주면 그만이다. 중요하다고 생각하는 일들을 다 처리하고, 자투리 시간에 로봇 유지 관리를 하면 된다.

프로그래밍대로 이렇게 저렇게 움직이게 하고, 빠르게 혹은 느리게 조작할 수도 있다. 우리 주위의 리더를 주의 깊게 관찰해 보자. 생각보다 많은 리더가 사람을 로봇처럼 다루는 걸 볼 수 있다. 빠듯한 시간을 주면서 지시하고 결과가 나오기를 기다린다. 지시한 시간 안에 결과가 나오지 않으면 재촉하고 화를 낸다. 무엇을 잘못했는지, 어떻게 해야 하는지 다시 지시한 후 결과를 기다린다. 만일 반복된 명령에도 원하는 결과가 나오지 않으면, 역량이 부족하거나 뭔가 문제가 있다고 판단해 버린다. 결국 도저히 안 되겠다며 폐기 수순을 밟는다. 당신은 혹시 사람이 아니라 로봇을 다루는 이런 리더를 만나본 적이 있는가?

사람이 중심인 리더는 질문부터 다르다

오래전, 대학생 시절에 만난 외국인 교수님이 기억난다. 나에게 강력한 영향을 주신 분이다. 그분을 처음 알게 된 건 군 복무를 마치고 복학했던 시기다. 캠퍼스에서 우연히 빨간 스카프를 머리에 두른 밝은 미소의 할머니 교수님과 마주쳤다. 나에게 인사를 건네며 이름이 무엇이고, 어떤 공부를 하는지 질문하셨다. 어떤 일에 관심이 있고, 또 무엇을 이루고 싶은지도 물었다. 그러고는 나의 대답을 즐겁게 들어주셨다. 색다른 경험이었다.

첫 만남 이후, 나는 그 교수님을 할머니를 뵈러 가듯이 자주 찾았다. 부족한 영어 실력으로 나누는 이야기를 그분은 성심껏 들어주셨다. 그리고 진심 어린 칭찬과 격려를 아끼지 않으셨다. 당시 막 부임했던 교수님은 알고 보니 많은 학생을 같은 방식으로 만나고 계셨다. 나를 비롯한 수많은 학생이 그분의 따뜻한 말과 관심 그리고 격려를 받고 있었다. 학생들은 진심으로 그분을 존경하고 따랐다. 꽤 오랜 시간 나는 그분과 정기적으로 교류했다. 교수와 학생의 관계를 넘어 나의 멘토로, 코치로 그리고 리더로 모셨다.

사람을 움직이는 리더에게 가장 중요한 자질은 무엇일까? 프랙티셔너Practitioner로서 혹은 코치로서 10여 년의 커리어를 뒤돌아볼 때, 한 가지 기준으로 리더의 유형을 나눌 수 있다. 사람을 가치 있는 존재로 여기는가, 아닌가다. 물론 이것이 리더를 평가하는 객관적인 기준일 수는 없다. 하지만 나는 상대가 쓰는 언어와 행동을 근거로 그 사람을 인식할 수 있었다. 내가 믿고, 따르고, 존경할 사람인지 그 여부를 결정하게 했다. 그래서 누군가 어떤 리더가 되어야 하는가를 질문한다면, 나는 주저 없이 사람을 위하는 마음을 가졌는가를 확인하라고 한다.

사람의 가치는 모든 것보다 앞선다.

사람을 일보다 우선시하는 이유는 사람의 가치를 잘 알기 때문이다. 일을 위해 사람이 존재하는 것이 아니라, 사람을 위해 일이 존재하는 것을 믿는다. 사람의 가치는 모든 것보다 앞선다.

훌륭한 리더는 자신의 사람들이 일보다 더 귀한 존재라는 것을 느끼도록 언어와 비언어로 소통한다. 리더의 눈은 일을 향해 있는 것이 아니라 주변의 사람을 향하고 있어 이러한 메시지는 자연스럽게 전달된다.

인간이란 무엇인가? 스스로 생각하고 판단하고 행동하는 존재다. 이처럼 독립적 존재인 동시에 주변 사람과 환경, 정보와 영향을 주고받는 의존적 존재이기도 하다. 인간은 간단한 존재가 아니다. 쉽게 판단을 내릴 수 없는 존재다.

또한 인간은 무한한 가능성을 지닌 존재다. 면접과 서류로 사람을 평가하는 인사 채용 시스템이 여전히 주류를 이루지만, 지원자를 제대로 파악하고 가능성을 확인하기에는 너무나 빈약한 과정이다. 그 가능성을 제대로 보지 못해 놓치는 훌륭한 인재들이 얼마나 많은 줄 아는가? 입사 이후에 훌륭한 인재로서 대우받는 경험을 할 수 있는 조직은 또 얼마나 있을까?

인사 채용과 성장 시스템을 잘 구축하더라도 결국에는 사람의 가치를 아는 리더만이 인간이라는 존재를 다루는 일을 할 수 있다. 사람이 일의 본질이다. 존경받는 리더는 인간 존재의 복잡성과 그 안의 무한한 가능성에 대한 신념을 갖고 구성원을 대한다. 존재를 다룬다는 것은 사람 중심의 철학을 실천Practice 한다는 뜻이다.

우선 자신의 마음을 점검한다

존경받는 리더의 첫 번째 작업은 자신의 마음을 점검하는 일이다.

당신의 모든 노력을 통해 얻고자 하는 것은 무엇인가?
사람의 마음을 얻지 못한다고 가정하면,
당신의 노력은 어떤 의미가 있는가?
결국 사람을 위하는 태도야말로 궁극적으로는
자신을 위하는 길이라는 답을 얻을 수 있는가?

리더는 성과를 내는 사람, 일에서 의미를 찾는 사람 그리고 사람을 돕고 싶은 사람 등의 다양한 욕구를 갖는다. 하지만 결국 사람과의 관계에서 모든 것이 비롯된다. 이 첫 단추를 잘 끼울 때, 다음 단계도 의미가 있다.

반대로 리더의 마음이 사람을 위하는 태도로 정비되지 않으면, 조직 문화를 구축하기 위한 헌신은 어려울 수밖에 없다. 강력한 조직 문화의 변화를 만들 수 없게 된다. 이것을 전제로 나는 어떤 사람을 리더로 인정하는가를 물어보자. 마음이 준비되면 이제 프랙티스를 할 때가 된 것이다.

프랙티스를 위한 질문 1

‣ 사람을 업무의 중심에 둔다는 의미는 무엇인가?

‣ 당신에게 그런 리더는 어떤 존재였는가?

‣ 일보다 사람을 우선시하는 리더를 만나보았는가?
만일 그렇다면, 어떤 모습에서 그렇게 느꼈는가?

‣ 그러한 리더의 존재와 그의 일하는 방식이 주변에
어떤 영향을 미친다고 생각하는가?

‣ 지금까지 당신의 인생에서 어떤 리더를 존경했고,
그 이유는 무엇인가?

‣ 당신이 따르고자 했던 리더의 핵심 자질은 무엇이었는가?

‣ 당신이 존경하지 않는 리더는 어떤 모습인가?

‣ 리더를 선정하는 단 한 가지 기준을 말하라고 한다면
당신은 무엇을 제시하겠는가?

‣ 당신은 리더로서 어떤 마음을 준비했는가?

‣ 리더의 마음 준비를 위해 당신은 무엇을 어떻게 하겠는가?

2
성품은 보이지 않는 역량이다

자신과 타인의 내면을 탐구한다

내가 리더십 코칭을 해주었던 한 기업가 얘기다. 그는 자신이
진정으로 원하는 것이 명확하지 않았기에 중요하지 않은 일에
시간을 소비했다고 털어놓았다. 그는 돈이 되는 일은 뭐든지
해야겠다는 현실적인 태도를 지향했다. 기회가 될 때마다 이
일 저 일 가리지 않고 뛰어들었다. 처음에는 돈벌이가 되는 것
같았다. 하지만 시간이 흐르면서 잘 풀리지 않는 걸 느꼈다. 동
시다발적인 일을 감당하기 힘들었다. 무엇보다도 자신이 진정
으로 원하는, 오랫동안 해야 할 일들이 아니라는 것을 깨달았

다. 그는 나와 정기적인 리더십 코칭을 가지면서 결국 자신이 성취하고 싶은 일의 방향을 찾았다. 비로소 찾은 그 일에 전념하는 태도 변화를 이뤘다. 많은 사람이 현재 자신이 집중해야 할 일이 무엇인지 정확히 분별하지 못한다. 그 이유는 자신이 어떤 존재이고, 무엇을 추구해야 하는지 내면이 명확하게 정리되지 않았기 때문이다. 자신의 정체성이 불분명한 것이다.

피터 드러커Peter F. Drucker는 『자기 경영 노트The Effective Executive』에서 자신에 대해서 안다는 것은 자신이 잘하는 일과 좋아하는 일을 아는 것이라고 말했다. 피터 드러커는 자신이 어떤 업무 스타일을 선호하는지 그리고 자신이 가장 집중할 수 있는 업무 시간대는 언제인지, 생각을 글로 표현하는 유형인지 아니면 말로 표현하는 유형인지를 알아야 한다고 했다. 이러한 사람은 자신의 강점에 대해서 잘 알기에 그 강점을 업무에 활용할 수 있는 사람이라고 역설했다.

자신에 대해서 안다는 것은
성과를 내기 위한 기본 조건이다.

자신의 특성은 과거의 경험을 성찰할 때 얻을 수 있다. 자신이 사람들과 어떻게 상호작용하는지, 자신이 성과를 낸 경우는 어떤 상황이었는지 회상해 보는 것도 도움이 된다. 요즘은 자신의 강점, 재능, 흥미, 성격 유형 등에 대한 분석 도구를 저렴하게 혹은 무료로 활용할 수 있다. 정확하고 자세한 분석을 원한다면 유료로 진단을 받는 것을 추천한다. 인터넷에도 유용한 도구가 많다. 이러한 도구를 이용하여 자기 자신에 대해 분석하고 그 결과를 정리해 두는 것도 자기 인식을 위한 한 가지 방법이 될 수 있다.

그동안의 직장생활 경험에서 나에게 존재의 의미를 묻는 리더는 만나지 못했다. 존재의 의미가 포괄적이라면 성품 정도로 표현해도 좋겠다. 그런 리더를 일찍 만났다면 더 빨리 나를 탐구했을 것이다. 어떤 의미에서 인간은 모두가 구도자求道者인데, 대부분 시간을 보내는 회사 생활에서는 그런 성찰을 할 수가 없다. 진정한 리더를 만나 따르고 존경하는 경험을 하지 못하는 것은 여러모로 아쉬운 대목이다.

조직 문화에서 존재의 의미를 논하는 건
프로페셔널하지 않다는 가정이 있는 것이 아닐까.
성품은 성과와 관련이 없다는 생각이 아닐까.

하지만 나는 다행히 회사 밖에서 나의 존재를 다뤄주는 훌륭한 리더를 다수 만났다. 한 리더는 프로젝트를 시작하기 전에 내 삶의 우선순위가 무엇인지를 물었다. 그리고 나에게 어떤 목적과 비전이 있는지를 묻고, 답할 기회를 주었다. 그런 과정이 처음엔 나를 어리둥절하게 만들었다. 무엇이라 답해야 할지 당황스러웠다. 그러다 곧 그런 질문이 진행할 프로젝트의 업무 성과에 직접적인 관련이 있다는 걸 깨달았다. 다시 말하자면, 우리는 의미를 찾는 구도자다. 만약 어떤 직장에서 그런 자세는 필요 없다고 하면서 각자의 존재를 무시한다면, 업무 몰입이나 값진 성과를 기대하기는 어렵다.

나는 누구인가? 열린 질문에서 시작한다

나를 온전히 인식할 때, 내가 바라는 목표에 도달하기 위한 제대로 된 변화와 성장을 할 수 있다. 우리는 스스로 자신을 잘 안다고 생각하지만, 나 자신이 누구인지 어떤 특성이 있는지 알지 못하는 경우가 많다. 알고 있더라도 흐릿하게 안다고나 할까? 나에 대한 애매한 지식을 좀 더 명백한 지식으로 발전시키자. 그런 노력이 완전한 자기 인식을 위한 출발점이 된다.

그렇다면 도대체 나의 어떤 점을 알아야 할까? 우선은 앞에서 언급한 "나는 누구인가?"라는 질문에 답할 수 있어야 한다. 그래야 다른 사람에게 나 자신을 명확하게 소개할 수 있다. 또 내가 추구하는 바에 대해서 자신 있게 이야기할 수 있다. 소기업 대표나 1인 기업가들을 도울 때, 나는 그들이 가진 정체성에 대해서 자주 질문한다. 이 질문에 자신의 정체성을 명확하게 소개하는 사람보다 그렇지 않은 사람이 훨씬 많았다. 다들 처음에는 어려운 질문이라며 고개를 갸우뚱한다. 그러나 이 질문을 반복하면 자신을 인식할 수 있고, 자신을 분명하게 표현할 수 있다.

자신이 무엇을 원하는지
그리고 자신이 진정으로 추구하는 것은 무엇인지
리더들은 이 질문에 답할 수 있어야 한다.

스스로 답하기 어렵다면, 주변의 멘토나 코치의 도움을 받아서라도 그 답을 정리해야 한다. 리더들은 생각이 지나치게 많다. 생각이 많다는 것은 추구하는 바가 많다는 것을 뜻한다. 이런 리더는 하는 일도 많고, 해결해야 할 사안도 많다. 그러나 이러한 사이클을 지속하면 리더뿐만 아니라 리더를 따르는 사람들이 혼란을 겪고, 과중한 업무로 번아웃Burnout할 가능성도 있다. 결국, 리더의 이러한 성품이 자신의 정체성과 조직의 정체성을 확립하지 못하게 하는 요인으로 작용한다.

'무엇'에 대한 답변을 정리한다

정체성에 관한 질문을 "자신과 조직이 추구하는 것은 무엇What 인가?"라는 질문으로 확장해 보자. 무엇이 영원한 의미를 주는 지를 성찰한다. 자신의 조직이 매일 하는 일과 달성 목표 너머 에 무엇이 있는지 보자. 보이지 않는 '그것'을 보려면 적지 않은 시간과 에너지가 필요하다. 깊은 열망을 끌어올릴 지혜가 있는 리더를 쉽게 만날 수 없는 이유가 여기에 있다. 존경받는 리더 는 그것을 먼저 알고, 구성원에게 의미를 부여한다. 그 의미가 우리의 정체성과 관련된 '무엇'에 해당하는 것이다.

우리는 우리에게 의미를 던져주는 리더를 찾고 있다.

한 가정을 하나 되게 하는 의미와 리더(가장), 한 회사를 하 나 되게 하는 의미와 리더(대표), 한 도시를 하나 되게 하는 의 미와 리더(시장), 한 나라를 하나 되게 하는 의미와 리더(대통 령), 전 세계를 하나 되게 하는 의미와 리더(세계적 영웅)를 말 이다. 시간이 지나면 의미가 없어질 그런 것Thing을 만들기 위 해 일하는 것이 아니라 오래도록 가치Value 있는 것을 위해 일 한다고 말하는 리더 말이다. 이런 리더는 구성원들이 스스로 가치 있는 존재로 여기게 만든다. 오랜 시간 의미 있는 가치를 추구한다는 사실을 알게 한다.

이런 리더는 우리의 노력은 헛된 것이 아니며, 어떤 이유에서든 참으로 값진 일이며, 작고 사소한 일도 그렇다고 표현한다. 일을 통해서 나, 너, 우리를 좋게 하고 그럼으로써 세상은 더 밝고 좋은 곳이 된다는 공동선共同善을 일깨운다.

'오래 남을 정체성'이라는 질문을 던진다

인간은 죽는다. 죽음 덕분에 인간은 유한한 존재다. 유한한 존재임에도 불구하고 영원한 삶을 살 것처럼 산다. 그러다 죽음으로 끝나는 인생에 허무함과 좌절감을 느끼기도 한다. 어찌 되었든 인간은 자신의 존재를 영원의 관점에서 실현하고자 하는 본능적인 욕구가 있다. 그것이 인간의 정체성의 한 부분을 이룬다. '영원히 의미 있는 무엇'을 성취한다는 관점은 자아를 실현하는 동기가 될 수 있다.

이 관점에서 볼 때 영원한 삶을 산다고 하더라도 한 사람의 삶은 단 하나의 독특한 삶이다. 누구나 삶의 핵심을 간단하게 정리할 수 있다. 어떤 삶을 살 것이라고 규정하지 않아도 명료한 표현이 없을 뿐이지 삶의 의미는 여전히 존재한다. 그래서 다음과 같은 질문을 던져본다.

나만이 가진 유일한 삶의 모습은 어떤 것인가?

그 모습이 깊은 존재로서 나의 열망과 연결되는가?

그러한 삶이 나를 나답게 만드는가?

성품과 역할의 조화를 추구한다

리더는 자신 그리고 타인이라는 존재에 대해 깊이 생각하면서 일이 아닌, 사람 중심의 성과 문화를 구축할 수 있다. 존재에 대한 성찰은 곧 그 사람이 어떤 역할을 할 때 가장 지속 가능한 가치를 형성할 수 있는가로 이어진다. 인재를 적재적소에 배치한다는 말의 의미는 무엇일까? 존재와 존재에 대한 기대 행동이 조화를 이루게 하는 작업 아닐까?

갈등과 관계의 어려움은 이 둘의 부조화에서 발생한다고 본다. 조직 내 갈등이 있거나 협업이 안 되는 이슈가 발생한다면, 그 이슈에만 집착하기보다는 좀 더 큰 개념으로 상황을 바라보고 문제를 진단하자.

나는 코칭을 진행하면서 기업의 많은 리더가 균형 추구 리더십에 어려움을 느낀다는 것을 알았다. 특히 비즈니스가 급격히 확장되는 스타트업과 중소기업들이 이러한 문제를 안고 있다. 리더들은 과중한 업무로 성품Character과 행동Action에 대한 질문들을 복기할 시간을 확보하지 못한다. 그러니 하나의 이슈가 해결되기도 전에 각종 이슈가 계속해서 터지는 악순환을 겪는다.

사람이라는 존재Being는 자아를 실현하려는 궁극적인 욕구를 갖는다. 그 결과가 가치Value와 행동Action이다. 일의 본질은 사람에 대한 이러한 특성을 알고 실제 경영 현장에서 적용하는 것에 있다. 리더들이 당연히 해야 할 최우선순위다. 쉬운 일이 아니기에 리더들이 직면하지 못하고 회피할 수 있다.

건강한 조직을 만들고자 하는 리더들은 사람에 대한 이해를 위해 깊게 공부하고 시간과 열정을 쏟는다. 리더들이 사람을 향한 마음을 스스로 살피지 않는다면, 조직 전체의 가치가 성장주의Growthism과 성공주의Successism 같은 결과만을 목적으로 삼는다. 보통 리더들은 "바빠서 시간 내기가 힘듭니다." 하거나 "지금 당장 해야 할 일을 안 하면, 회사가 어려워질 수 있습니다."와 같은 말을 하면서 미룬다. 그들이 생각하는 어쩔 수 없는 이유가 생각의 방어기제를 작동시킨다. 그들이 초점을 다시 맞추고, 변화된 행동을 해야 한다고 판단하는 경우는 드물다. 외부의 도움이 필요하다. 문제 너머에서 문제를 바라보지 못한다면, 리더의 생각과 행동에 변화는 이루어지지 않는다.

미션, 비전, 핵심 가치를 실천한다

리더는 자신의 삶의 정체성을 분명히 하고 구성원들도 그렇게 할 수 있도록 도와야 한다. 미션, 비전 그리고 핵심 가치는 그들이 하나가 되게 하는 기반이다. 리더의 분명한 핵심 가치는 리더와 구성원들이 존재의 의미를 지니고, 담대한 마음으로 현재를 충실히 살아갈 수 있게 만든다.

미국의 유명한 사업가 메리 케이 애쉬Mary Kay Ash는 엠케이 코스메틱스MK Cosmetics Inc.를 창립하면서 '여성들의 삶을 풍요롭게 하는 것'이라는 미션을 품었다. 자신이 성공한 것처럼 세상의 모든 여성도 성공할 수 있다고 믿었다. "너는 무엇이든 할 수 있어."라는 철학을 자신의 경영원칙으로 삼고, 다른 사람을 위한 동기부여를 실천했다. 하버드 경영대학원의 사례 자료에서는 이 회사의 핵심 가치를 다음과 같이 정리했다.

· 대접받고자 하는 대로 대접할 것.
· 삶의 우선순위를 따라서 살 것. 즉, 먼저는 미션, 다음은 가정, 그다음은 커리어.
· 동료의 성취를 인정할 것.
· 다른 사람을 돕는 데 앞장설 것.

엠케이 코스메틱스는 위의 핵심 가치를 구성원들의 행동 강령으로 삼았고, 건강한 조직 문화를 구축했다. 구성원들은 서로 격려하고 협동하는 태도를 핵심 역량으로 생각하고 매사에 실천했다. 위키피디아에 따르면 엠케이 코스메틱스는 2018년 전체 매출 규모가 4조 6천억 원으로, 세계에서 여덟 번째로 큰 네트워크 마케팅 회사로 평가받는다.

훌륭한 리더는 자신의 구성원이 존재의 의미를 명확히 하는 일을 돕는다. 그것을 그대로 존중하고, 강화하거나 더 나은 모습으로 전환할 수 있도록 지원한다. 존재 이유와 목적은 한 인간의 삶의 미션으로 표현할 수 있다. 집을 짓는 것으로 비유하자면 기초공사와 같다. 집의 기반은 보이지 않아 실재하는지 느낄 수 없지만, 집 전체를 지탱해 주는 역할을 한다. 기초가 제대로 되어있지 않은 집에 산다고 생각해 보라. 어떤 기분이 들까? 불안해서 언제든 기회가 되면 다른 집으로 이사 가려고 할 것이다. 비가 많이 내리고, 천둥이나 번개가 치는 날에는 더더욱 집이 무너질까 하는 불안함에 정신적 고통이 클 것이다. 집의 기초는 땅을 깊이 파고 튼튼하게 다져야 한다.

훌륭한 리더는 자신의 구성원이 가진 미션을 확인한다.

미션을 확인할 때에는 여러 면으로 알아본다. 정말 튼튼한지, 혹은 금이 가있는지, 심지어 없는 것은 아닌지 살핀다. 시간이 걸리더라도 미션에 대해서 함께 논의하고 격려한다.

존재의 목적을 현실과 연결하기 위해서는 선명한 비전이 필요하다. 비전은 미션을 구체화한 표현이니 미래에 미션이 실현된 모습을 묘사한다. 미션만 가지고는 손에 잡히는 것이 없다. 하지만 비전을 가지면 방향성이 잡히고, 현재 무엇부터 시작해야 할지 판단이 선다. 비전은 기초공사 위에 지어질 집의 콘셉트 설계와 같다. 이것은 미래에 이루어질 것이 무엇인지 핵심적인 부분을 보여준다. 그림으로 그려도 좋고, 롤모델을 설정해도 좋다. 자신에게 구체적인 콘텐츠를 주는 것이면 무엇이든 비전으로 표현할 수 있다.

핵심 가치는 미션과 비전을 이루어나가기 위한 일종의 행동 기준을 제시한다. 이 기준은 미션과 비전을 성취해 나가는 여정 내내 함께한다. 누구와 함께할 것인지 어떻게 협력할 것인지를 생각하자. 핵심 가치는 조직 문화의 핵심 요소다. 조직 구성원의 행동 양식을 정의하고, 현재 무엇이 가장 중요한 것인지 알려준다.

미션, 비전, 핵심 가치를 개인뿐만 아니라 조직에 적용하는 작업은 간단해 보이지만 생각보다 쉽지 않다. 충분한 시간과 노력을 들여보자. 어떤 회사라도 리더나 조직의 정체성을 명료하게 만들 수 있다. 누구에게나 당당하고 분명하게 표현할 수 있다. 한 가지 중요한 점은 삶의 방향성을 정리하는 작업이 글로 적는다고 완성은 아니라는 것이다. 행동으로 실천해야 정체성 수립의 완성이라고 할 수 있다. 행동과 실천의 중요성을 강조하기 위해 토머스 에디슨Thomas Edison의 말을 인용한다.

What you are will show in what you do.
당신이 누구인지는 당신이 하는 일에서 드러난다.

리더의 정체성은 그의 행동을 보고 판단하는 주변 사람들을 통해 나타난다. 리더는 행동하는 정체성으로 살아가기 위해서 프랙티스하고 있는가? 글로 적은 것을 실천하고 있는가? 실천하지 않으면 벽에 걸려있는 선언문 정도의 의미밖에 될 수 없다. 리더는 행동을 통해 보여주어야 한다. 말로만 강조하는 정체성이나 믿음은 시간이 지나면서 사람들로부터 외면받는다.

프랙티스를 위한 질문 2

‣ 당신은 자신에 대해서 무엇을 알고 있는가?
 알지 못하는 영역은 무엇인가?

‣ "당신은 누구입니까?"라는 질문에 어떻게 답하겠는가?

‣ 당신이 회사를 경영하는 목적은 무엇인가?

‣ 당신의 구성원들은 회사의 정체성에 대해서 무엇을
 알고 있는가?

‣ 당신은 구성원들의 정체성에 대해서 무엇을 알고 있는가?

‣ 당신의 구성원이 추구하는 중요한 3가지는 무엇인가?

‣ 당신과 구성원은 어떤 가치를 공유하는가?

‣ 당신과 구성원은 어떤 감정 혹은 열정을 공유하는가?

‣ 당신은 정체성을 행동으로 실천하는가?
 어떤 점에서 그러하고 어떤 부분은 실천하기 어려운가?

3
행동은 보이는 역량이다

변화를 받아들이고 열린 마음을 갖자

우리가 내면을 정리한 후에는 행동을 훈련해야 한다. 여기서 정의하는 행동은 우리가 타인과 상호작용할 때 드러나는 모든 것을 뜻한다. 우리의 말, 손짓, 표정, 태도 등 겉으로 드러나는 모습에 관한 이야기다. 나는 이것을 건축의 리모델링에 비유하고 싶다.

미국에서 수년간 생활하면서 그곳의 건축 문화에 느낀 바가 있다. 미국인들은 유지보수를 잘하는 문화를 가졌다. 그에 비해 우리나라는 완전히 허물고 다시 짓는 재개발을 선호한다.

미국의 건축물을 보면, 동부만 해도 오래된 건물이 흔하다. 주택부터 공공건물까지 기존의 건축물을 리모델링하고 보수해서 오늘날까지 사용한다. 이를테면 보스톤Boston 시내 중심에 있는 파크 스트릿 교회Park Street Church는 1809년에 건축된 외관을 지금도 그대로 유지하고 있다.

건축 외관 유지 19세기 파크 스트릿 교회　　현대 파크 스트릿 교회

기본적인 뼈대는 유지하면서 내부를 지속적으로 수리하고 보완한다. 건축 자재의 기술 발전에 따라 리모델링할 때는 더 나은 재료들을 사용한다. 초고속 인터넷도 깔고 보안 시스템도 설치한다. 얼핏 보면 한국의 건물보다 낡고 볼품없어 보인다. 하지만 생각보다 편리하고 시스템도 체계화되어 있다. 기본 뼈대는 유지하되 내외부 모든 곳을 지속해서 개선하는 프랙티스가 리더의 모습과 닮았다.

리더는 자신의 행동을 점검하고 처한 상황과 만나는 사람 그리고 자신에게 기대되는 바에 따라 행동을 지속해서 변화시켜야 하기 때문이다.

나는 변화와 기대에 빠르게 대응하는 사람은 아니다. 변화와 적응에는 그만큼의 노력이 필요한데, 게으름이 늘 발목을 잡는다. 변하지 않는 말투 때문에 아내에게 한 소리 들을 때가 많다. 아내는 내 말투가 좀 더 명쾌하기를 바라기 때문이다. 내가 머물던 자리가 곧잘 어질러지는 것도 개선해야 할 부분이다. 처음 보는 사람과 쉽게 친숙해지기 어려운 부분도 극복해야 한다. 발표할 때면 우물쭈물하는 행동과 말투가 자주 나와서 고치려고 노력한다.

더 나은 리더를 위한
변화 행동은 누구한테나 존재한다.

한 사람의 태도는 사용하는 물건에도 투영된다. 나는 대부분 낡고 오래된 중고 제품을 쓴다. 가방도 그렇고 주방의 식기세척기도 장모님이 쓰시던 것을 물려받았다. 중고도 꽤 쓸 만하고, 가치 있다고 생각한다. 물건들도 지속해서 유지보수하면,

충분히 제 성능을 할 수 있다. 나는 유행에 관심이 없고 기술의 발전에도 둔하다. 하지만 편안함과는 별개로 새로운 변화를 배척하거나 외면하는 건 바람직하지 않다. 리더의 행동에는 늘 변화가 필요하다. 어떤 방향이든 열린 마음을 먼저 가져야 한다. 본질 이외의 것은 끊임없이 새롭게 하고, 수용할 점은 수용해야 한다. 나는 내가 외부의 변화에 대한 수용성이 낮다는 걸 리더십 공부를 하며 깨달았다.

훌륭한 리더는 지속해서 행동을 개선하고 상황에 적응하는 역량을 키워야 하는데 말이다. 리더는 주변 사람과 관계하는 태도 또한 개선해야 한다. 내면의 성품을 유지하고 강화하고 보강하더라도 전체를 새롭게 변화시키기는 쉽지 않다. 더 좋은 방향으로 개선하기 위해 끊임없이 노력해야 한다.

나는 다양한 나라의 다양한 문화를 경험했다. 여러 국적의 사람을 만나면서 점차 열린 마음으로 성장했다고 생각한다. 여기서 말하는 열린 마음은 경청하고 공감하는 것을 포함하여, 필요하면 상대방을 수용하고 내 생각과 행동까지 바꾸는 단계를 포괄한다. 물론 우리의 정체성과 신념은 쉽게 바뀌지 않는다. 하지만 우리는 다르게 생각할 수 있고 또 다르게 행동할 수 있다.

변해야 할 행동을 인지한다

어떤 부분에서 변화와 성장을 지속해야 하는가? 이것은 훌륭한 리더가 가져야 할 중요한 질문 중의 하나다. 리더는 조직이나 팀에서 변화와 성장을 지속해야 한다는 점을 인지하고 결단한다. 어느 영역에서 어떻게 변해야 하는지 성찰하고 결정하면서 하나씩 개선한다.

타인에게 요구하기에 앞서 자신이 먼저 변화와 성장에 수용적이어야 함은 말할 것도 없다. 많은 리더가 이 점에서 부족함을 보인다. 자신의 행동과 태도에 조직이나 팀이 맞추기를 요구한다. 이러한 리더는 자신의 역량 부족을 가리거나 감추기 위해서 조직의 변화를 거부한다. 최악의 경우는 자신보다 더 나은 변화와 성장을 보이는 사람을 깎아내리거나 배척한다. 인간은 기본적으로 안정을 추구하기 때문이다.

경쟁 시대에 변화와 성장을 거부하는 안정형 리더는 곧 도태된다. 마찬가지로 조직도 변화와 성장 없이는 곧 경쟁력을 잃고 만다. 훌륭한 리더는 자신이 먼저 모범적으로 변화와 성장을 수용한다. 무엇보다 그것에 대한 갈망을 드러내야 한다. 자신의 역량이 부족하더라도 구성원들이 그러한 변화와 성장을 추구하도록 격려하고 지지해야 한다.

자기 행동을 보기 위해 피드백을 얻는다

우리는 다른 사람을 통해서 자신이 놓치고 있는 생각과 행동, 태도를 인식한다. 자기 인식Self Awareness인 셈이다. 다른 사람은 나를 보여주는 거울이다. 자기 인식이 다른 사람들을 통해 이루어진다. 자기 인식을 스스로 할 수도 있지만 한계가 있다. 우리는 자신이 무의식적으로 하는 행동을 객관적으로 볼 수 없다. 습관적으로 하는 행동도 볼 수 없다. 자신이 하는 말이나 행동이 다른 사람에게 어떤 영향을 미치는지 또한 대부분 스스로 깨닫지 못한다. 행동뿐만 아니라, 생각의 패턴도 그 패턴 안에 갇혀있으면 스스로 깨닫지 못한다.

누가 우리에게 거울이 될 수 있는가? 일차적으로는 가족이 나를 비추는 거울이 된다. 자녀들은 부모를 통해서 자신의 행동과 말 그리고 생각의 패턴에 관한 평가나 의견을 듣는다. 잔소리로 들리겠지만 그 안에는 새겨들을 건설적인 피드백도 분명히 존재한다.

나의 부모님은 왜 그런 말씀을 하시는 걸까?
어떤 이유로 그 말씀을 자주 하시는 걸까?

주변 사람이 반복적으로 하는 말 속에는 내가 성장해야 할 부분에 대한 암시가 있다. 부부 사이에서도 피드백이 자주 오고 간다. 부부의 피드백은 싸움의 불씨가 되기도 한다. 깊은 의도는 서로를 위해서지만, 상대방이 받아들이지 않거나 혹은 상처를 입는다면? 서로 감정이 상하니 싸우게 된다. 부부가 서로 피드백을 한다는 건 여전히 서로를 위한다는 기본 의도를 전제로 한다. 사랑이 없는 무관심한 사이에서는 서로에게 바라는 것도 기대하는 것도 없기 때문이다.

회사 생활에서도 피드백을 주고받는 것에는 약간의 긴장감이 발생한다. 하지만 조직에서는 이 피드백이라는 행동을 기대해야 한다. 불필요한 마찰이나 갈등을 피하는 것이 직장생활을 편하게 하는 지름길이라고 생각할 수도 있다. 구성원들끼리 피드백을 주고받는 일은 한국의 직장 문화에서 쉬운 행동이 아니다. 특히 경직된 조직 문화를 가진 회사나 조직 내에서 정치적 싸움이 있는 경우라면 더욱 그렇다.

하지만 리더십 전문가 패트릭 렌치오니Patrick Lencioni는 그의 저서 『무엇이 조직을 움직이는가The Advantage』에서 변화하고 성장하는 조직은 리더와 구성원 그리고 동료들 간에 건설적인 피드백이 정기적으로 활발히 진행된다고 언급한다.

깊은 자기 인식은 스스로 자신을 아는 것과 다른 사람이 객관적으로 말해주는 피드백 사이의 차이를 줄이는 과정에서 일어난다. 훌륭한 리더는 자신에 대한 인식과 외부에서 자신을 인식하는 것 사이의 차이를 좁히기 위해 노력하는 사람이다. 그 결과 행동이 변화한다. 변화한 말과 행동의 일관성을 통해 높은 신뢰를 얻게 된다. 리더 스스로가 실천해야 한다. 구성원과 함께 협력하며, 성장하고 변화할 수 있도록 환경을 조성하는 사람이 되는 것이다.

행동으로 동료를 돌본다

조직 안에서의 변화와 성장은 나 자신만이 아니라 주변 사람들과 함께할 때 완성된다. 훌륭한 리더는 자신이 속한 사람들을 적극적으로 돌본다. 이는 간단한 안부를 묻는 것에서부터 시작한다. 어떻게 하면 구성원이 업무를 더 효율적으로 수행할 수 있을까? 함께 논의하면서 상대방의 성장에 관한 관심을 행동으로 실천한다.

나는 비즈니스 코칭을 하면서 마음의 이슈에 대해 많은 경험을 할 수 있었다. 코칭 고객의 입장을 충분히 헤아리고, 이해하고, 심지어 감추어진 의도까지 파악했다. 이런 코칭은 이전까지 하던 대화의 수준을 넘어서는 것이었다. 상대방이 말할 때 내 생각을 정리했다. 어떤 질문을 해야 상대방에게 도움을 줄 수 있는가? 하지만 나 또한 내 생각 속에 갇혀있는 나를 발견하곤 한다. 고객의 말을 듣고 이해하며, 있는 그대로 받아주는 것이 경청의 기본자세라는 것을 곧 깨닫고 실천하고자 노력했다. 이런 행동이 고객의 변화와 성장의 시작이다. '그럴 수도 있겠다.'라는 관용적 태도를 유연하게 취하게 되었다.

누군가를 돌본다는 것은
상대에 대한 적극적인 관심과 행동을 포함한다.

타인을 위한 의도적이고 계획적인 만남이야말로 돌보는 마음에서 비롯된다. 조직 안에서 존경받는 리더는 적극적으로 주변 사람들을 챙기는 행동이 습관화된 사람이다. 이러한 행동은 조직이 성장과 변화를 지향하는 데 큰 힘을 준다.

리더가 구성원을 돌아보지 않을 때 구성원들은 방향을 잃고 만다. 구성원이 리더에게 방향성을 제시할 수는 없기에 어느 순간, 길이 막힌 것과 같은 상황에 도달한다. 리더는 끊임없이 자신의 구성원들과 적극적으로 소통하면서 그들이 어떤 마음인지, 무엇이 필요한지를 알아내어 방향을 잡을 수 있도록 도움을 주어야 한다. 구성원은 리더가 길을 제시해 주기를 바란다. 적어도 방향성만은 알려주기를 희망한다. 하지만 그렇지 않은 리더가 많기에 변화와 성장이 더딜 수밖에 없다.

　　다음 Part 3, 4에서는 리더가 건강하고 유능한 조직 문화를 구축하기 위해 다루어야 할 방법론들을 제시한다. 이를 통해 리더가 사람을 위할 때 어떤 내용에 집중하는지 알 수 있다. 리더로서 바람직한 결단력이 있다면, 자신과 함께하는 사람들을 귀하게 여기는 마음의 소유자가 될 수 있다. 리더로서 핵심 자질을 갖춘 후에는 이제 진짜 일Real Task, 즉 사람을 위한 일을 할 준비를 하자.

프랙티스를 위한 질문 3

‣ 당신은 변화에 대해 어떤 태도를 보이는가?

‣ 당신이 변해야 할 영역 혹은 성장해야 할 영역은 무엇인가?

‣ 당신은 성장하기 위해 어떤 노력을 할 수 있는가?

‣ 당신은 평소에 피드백을 받고 있는가? 그렇다면 어떤
  피드백을 가장 많이 받는가?

‣ 그렇지 않다면 그 이유는 무엇인가?

‣ 누가 당신에게 피드백 주기를 원하는가?

‣ 당신은 어떻게 동료를 돌볼 수 있는가? 당신의 동료는 어떤
  돌봄을 기대하는가?

‣ 구성원들은 당신에게서 무엇을 기대하는가?

Part 2

리더는 성품을 본다

4

정체성은 내면의 나침반이다

분명한 방향성을 추구한다

몇몇 리더는 안타깝게도 존재의 목적과 비전을 중요하게 생각하지 않는다. 분명하지 않은 상태로 머릿속에 담아둔다. 그들도 자신이 회사를 시작하게 된 경위와 앞으로 회사 모습이 어떻게 되면 좋겠다는 장황한 스토리는 갖고 있다. 하지만 조직을 움직이는 원동력으로 그것을 활용하지는 못한다.

목적과 비전을 구체화하는 것이 불필요하거나 적절하지 않다고 말하는 리더들도 있다. 그들은 대개 환경이 급변하고 회사의 방향성이 시시각각 달라지는데, 목적이나 비전 같은 이론이 무슨 소용이 있냐는 반응이다. 명료하게 정리하는 것조차 자신이 가진 많은 아이디어와 가능성을 사장하는 결과를 초래한다고 부정적으로 생각한다.

안타까운 점은 그와 같은 리더들이 일은 아주 열심히 한다는 거다. 하지만 조직을 지속적으로 성장시키고 확장하는 데는 실패한다. 많은 일을 하느라 분주하지만, 조직 내부에서 지속적으로 발생하는 문제를 해결하거나, 통일성 있는 조직을 개발하는 데 실패한다.

그런데도 회사는 재정적으로 탄탄하고 외연적으로는 확장한 모습을 보일 수 있다. 회사의 제품이 잘 팔릴 수도 있고, 아이템이 우수해서 투자를 많이 받을 수도 있다. 또 기타 외부 경제적 상황이 좋아서 회사가 잘되는 것처럼 평가될 수도 있다.

하지만 속을 들여다보면 번아웃인 구성원들이 많거나 조직 갈등이 심각하다. 한마디로 시한폭탄과 같은 조직이다. 이런 리더들은 왜 반복되는 패턴을 끊지 못하는가. 그리고 열심히 하는데 잘되지 않는 이유를 왜 스스로 성찰하지 않는가.

자신에게 다음과 같은 질문을 던져보자.

구성원들이 나를 따를 만한 리더라고 인식하는가?
만약 그렇지 않다면 무엇이 부족한가?

매일 바쁘게 일하지만, 정작 일에 대한 가치와 의미를
심어주지 못한 것은 아닌가?
구성원들이 회사의 주인으로서 '성공'이나 '일의 목적'에
관한 동기를 충분히 공유하고 있는가?
존재를 보지 못한 채, 구성원들은 월급을 받으니
일해야 한다는 단순한 사고에 갇혀있는가?

구성원이 회사 일을 하는 이유가 단지 돈을 벌기 위한 것인가? 아니면 일의 의미를 찾고 자신의 자아를 실현하기 위한 것인가? 리더로서 얼마나 관심을 가졌는지 돌아보기를 제안한다.

존재 목적을 정리한다

존재 목적의 범위를 알아보자. 고객, 업계, 대의 혹은 공동선, 공동체, 구성원, 부富 등등. 답을 급하게 찾지 말자. 충분한 시간을 갖고 대화를 통해 풀어나가면 어떨까?

떠오르는 답에 연이어 "왜?"라는 질문을 계속해 나가면 근본적인 목적에 도달할 수 있다.

『론리 플래닛Lonely Planet』에 소개된 핀란드의 한 레스토랑은 그들의 존재 목적을 다음과 같이 묘사했다.

우리는 순록 스테이크를 파는 레스토랑과

경쟁자가 아니라 친구입니다.

우리 모두 최선을 다한 결과물을 접시 위에 올리려는 목적으로

이 자리에 있기 때문입니다.

구성원들이 일하는 이유에 대한 명쾌한 답의 예시다.

「포춘 코리아」는 이탈리아 캐시미어의 황제 브루넬로 쿠치넬

리Brunello Cucinelli가 구성원들에게 제안하는 회사의 존재 목적

을 이렇게 소개했다.

나는 진실되고 정직한 사람들과 일하고 싶다.

어느 날 그들이 걱정하고 있다면, 그들의 얼굴에서

그런 감정을 간파하고 위로를 건네고 싶다.

그들이 행복하다면, 그들의 행복을 공유하고 싶다.

그들의 어려움과 두려움도 함께 나누고 싶다.

소속된 구성원들을 인간적인 관점에서 최고로 섬긴다는 것을 느낄 수 있다. 참고로 이 회사의 주가는 현재 이탈리아 증권거래소에서 최고가로 거래되고 있다.

조직이 존재하는 목적은 무엇인가? 기업의 목적이 강렬한 한마디로 정리되어 있는가? 구성원들의 마음에서 살아 움직이고 있는가? 목적은 존재하지만 아무런 역할을 하지 못하는 건 아닌가? 조직의 목적이라는 질문에 답하기 위해서 리더는 2가지 태도를 검토해야 한다.

첫째, 이미 존재하는 목적에 대한 열정이다. 열정은 어떻게 보면 냉정한 머리보다는 가슴에서 솟구쳐 나오는 힘이다. 차가운 지식이 아니라 무엇이 정말로 중요한가에 대한 강한 반응이다.

둘째, 세상이 지금보다 더 나은 곳이 되기 위해 무엇이 필요한가에 대한 인식이다. 현재 그러한 모습이 아니기에 만들어내야 할 수도 있고, 기준에 미치지 못해서 좀 더 노력이 필요할 수도 있다. 존재 목적은 강하게 공감할 수 있는, 좋은 의도에서 시작해야 한다.

존재 목적을 조직이 공동으로 이루어야 하는 미션이라고 말하기도 한다. 미션은 조직이 무엇을 위해 시간과 자원과 사람을 투입하는지에 대해서 설명한다. 조직은 미션을 이루기 위해서 모인 사람들의 집합이다.

조직은 미션을 가져야 하나의 조직으로서 근본적인 정체성을 확립할 수 있다. 존경받는 리더는 이러한 존재 목적을 가장 앞서서 제시하고 옹호하는 사람이다. 자신의 구성원들에게 열심히 알리고 상기시키고 그것이 왜 중요한지를 소통한다. 리더는 존재 목적이 진정으로 가치 있다는 것을 조직의 구성원들에게 일깨운다.

당신의 조직은 왜 그 일을 합니까?

우리가 잘 아는 기업들은 다음과 같이 존재 목적을 회사 홈페이지에 제시한다.

인간의 정신에 영감을 불어넣고 더욱 풍요롭게 한다.
− 스타벅스

전 세계의 정보를 체계화하여

모두가 편리하게 이용할 수 있도록 한다.

– 구글

기술과 사람이 만드는 더 나은 세상

– 카카오

인재와 기술을 바탕으로 최고의 제품과 서비스를

창출하여 인류사회에 공헌한다.

– 삼성

존재 비전을 정리한다

10년 후 혹은 30년 후 조직은 어떤 모습이 되고 싶은가? 이 질문에 대한 상세한 답변이 바로 존재 비전이다. 이 말 자체가 조직이 무엇으로 보이고 싶어 하는지, 그 의미를 함축한다. 그래서 존재 비전은 눈에 보이고, 손에 잡힐 정도로 구체적인 모습으로 표현해야 한다. 존재 비전은 시간이 흐름에 따라 조직이 어떤 모습을 갖게 될지 방향성을 제시한다. 하나의 조직이 모든 것을 포함하는 조직이 될 수는 없다. 단 하나 구체적인 모습의 독특한 존재여야 한다.

    미래를 알지 못하는 사람이 미래를 구체적으로 그린다는 것은 말이 안 된다. 리더는 잠재력을 과소평가하여 조직의 미래를 소박하게 그릴까 봐 염려한다. 잠재력을 과대평가하여 이룰 수 없는 것을 둘러대는 허풍쟁이 같은 모습이 될까도 염려한다. 비전은 명확하게 표현해야 한다. 시간이 갈수록 환경과 조건이 달라질 텐데 어떻게 미래를 분명히 그릴 수 있을까? 환경과 조건이 달라지고 조직의 역량도 달라질 것이지만, 그럼에도 불구하고 반드시 이루고 싶은 모습에 대한 현재의 다짐이다.

    아래의 하버드대 사례 자료를 보면 구체적인 비전을 수립하는 것이 중요하다는 것을 알 수 있다.

자동차를 민주화하라.

– 포드Ford(1900년대 초)

2000년도까지 1,250억 불의 회사가 되자.

– 월마트Walmart(1990년도)

서부의 하버드가 되자.

– 스탠포드 대학교Stanford University(1940년대)

짐 콜린스Jim Collins와 제리 포라스Jerry I. Porras는 비전을 크고Big 어렵고Hairy 대담한 목표Adacious Goals라고 표현했다. 그들이 1996년에 작성한 사례 자료 '회사의 비전 세우기Building your company's vision'에 따르면 비전 유형은 4가지이다.

① 양적 그리고 질적 비전
조직은 비전을 구체화하기 위해 양적Quantitative 지표나 질적Qualitative 지표를 사용할 수 있다. 1990년도 월마트의 경우, 자신들의 비전을 '2000년도까지 1,250억 불 가치의 회사가 되는 것'이라고 규정했다. 월마트는 2022년 10월 기준으로 시가총액 3,644억 불을 넘어섰다.

② 다윗과 골리앗의 비전
경쟁사를 언급하면서 그들을 이기는 것이라고 제시하는 유형이다. 예를 들어서 나이키는 1960년대에 "아디다스를 무찌르자."를 그들의 비전으로 규정했다.

③ 롤모델 비전
롤모델을 언급만 해도 미래에 어떤 기업을 원하는지 구체적으로 알 수 있다. 예를 들어 1940년대 스탠포드 대학교

는 "서부의 하버드가 되자."라고 선포했다.

④ 내부 혁신 비전

내부 혁신이 중요한 시점에 있는 회사라면 비전을 새로운 비즈니스 모델로 묘사할 수 있다. 예를 들어 1995년 록웰 Rockwell은 방위산업 수주 회사에서 다변화된 고도의 기술 회사로 전환하는 것을 비전으로 삼았다.

만약 존재 비전이 없다고 가정한다면? 존재 비전이 없더라도 회사가 유지될 수는 있다. 다만 그 회사의 성공과 실패를 논하기가 어려울 뿐이다. 기준이 없는 것이다. 그리고 어떤 회사가 되어가는 그 여정에서 무엇이 잘 되고 있는지 무엇이 잘 안되고 있는지도 판단하기가 어렵다. 미래에 대한 구체적인 청사진을 제시하지 않는다면 판단할 수 있는 근거는 사라진다. 그냥 열심히 일하는 사람만 존재한다. 조직 안의 사람들은 다시 질문한다.

무엇을 성취하기 위해 열심히 일해야 하는가?

조직이나 개인은 어떤 비전이라도 세워두는 것이 아무 비전이 없는 것보다 낫다. 훌륭한 비전이든 소박한 비전이든 그 비전에 비추어 현재를 의미 있게 살아갈 수 있다. 또 '얼마나' 혹은 '어떻게'라는 질문에도 답할 수 있다.

핵심 가치가 무엇인지 정리한다

목적과 비전을 어느 정도 정리하더라도 "핵심 가치가 무엇인가?"라는 질문을 하면 어떻게 답을 해야 할지 힘이 든다. 가치의 종류는 워낙 많아서 모든 가치를 나열하고, 그중 가장 중요한 것이 무엇이라고 답하는 프로세스가 도움이 될 수 있다. 하지만 한 조직의 핵심 가치를 명시하는 데는 한계가 있다. 핵심 가치로 인해 얻게 되는 실질적인 효용을 살펴보자. 핵심 가치를 정리하는 데 도움이 될 것이다.

핵심 가치를 최대한 발현하는 회사는 어떤 모습일까? 이렇게 가정해 보자. 만일 핵심 가치와는 관련 없는 외부인이 핵심 가치가 최대한 발현되는 회사를 체험한다면 어떤 느낌이 들까?

우선은 뭔가 다르다는 느낌을 받는다. 구성원들이 상호작용하는 모습에서 새로운 경험을 하면서 "왜 다른 걸까?"라는 질문을 자신에게 한다. 물론 겉으로 보이지 않는 원동력일 수도 있지만, 핵심 가치는 조직 안의 사람들 사이에서 분명히 살아움직이며 행동과 의사결정에 영향을 미친다.

핵심Core이라는 말에서 유추하듯이 이것은 다양한 가치 중에서 가장 중요한 상위 3가지 가치를 말한다. 이 가치들은 한 조직의 구성원들이 행동하고 일할 때 기준점이 된다. 다르게 본다면 다양한 사람들이 모여있지만, 핵심 가치에 있어서만은 모두가 통일된 생각을 가질 수 있다. 핵심 가치는 조직의 규모와 상관없이 회사의 의사결정에 지대한 영향을 미친다. 때에 따라 회사의 재무상 손해가 있더라도 지켜내야 하는 어떤 것이다.

핵심 가치를 조직의 리더가 갖고 있다고 해서, 구성원 모두가 동의하는 것은 아닐 수 있다. 이런 경우라면 리더의 단순한 선언문으로 그친다. 그러니 조직의 모든 리더는 핵심 가치의 수호자가 되어야 한다. 구성원들이 핵심 가치에 맞게 행할 때 그 조직은 해당 가치를 중심으로 통일된다. 그래서 핵심 가치가 구성원과 관련이 없다면, 죽은 가치와 다른 바 없다. 조직의 리더들이 핵심 가치를 중요하게 여기지 않으면 그 타격이 크다.

하버드 경영대학원의 라몬 까사데수스-마사넬Ramon Casadesus-Masanell 교수는 그린피스Greenpeace의 핵심 가치를 다음과 같이 정의했다.

우리는 평화적이고 폭력적이지 않은 방법으로
환경파괴에 대한 '증인'이 된다.

우리는 환경 이슈에 대한 공적 논쟁의 수위와 품질을
높이기 위해 비폭력적으로 직면한다.

우리는 환경에 대한 위협과 도전을 드러내기 위해서
영원한 동지 또는 적을 만들지 않는다.

우리는 정치적이며 경제적인 이해에서 벗어나기 위해
재정적으로 독립한다.

우리는 사회의 환경적 선택을 위한 해결책을 장려하고
열린 토론과 정보 공유를 위한 노력을 다한다.

꽝장히 구체적이다. 그린피스의 핵심 가치에서 우리는 조직이 어떻게 행할 것인지 그 가이드를 제공하는 것을 알 수 있다. 이 조직은 환경을 위한 사회 운동에서 어떠한 폭력적인 방식도 용납하지 않을 것이다.

사실 핵심 가치 외에도 다른 가치들이 있다. 패트릭 렌치오니는

다음과 같이 제시했다.

· 지향하는 가치: 현재 조직은 가지지 못했지만 그렇게
되기를 바라는 가치
· 최소한의 가치: 일반적인 윤리나 당연히 따라야 하는
가치

핵심 가치는 현재 모든 구성원이 '지향하는 가치'보다 쉽게
실천할 수 있어야 한다. '최소한의 가치'는 조직의 특성을 반영
하지 못할 수 있으며, 차별화도 어렵다. 예를 들어 '정직'은 모
든 조직이 당연히 가져야 할 최소한의 가치다. 가치 판단을 하
는 개인들이 모인 조직은 어떤 경우에서든 그룹의 가치 판단이
이루어진다. 리더들은 핵심 가치가 정리되지 않을 때 그리고
다른 가치들도 고려되지 않을 때 예견할 수 있어야 한다. 조직
에서 부적절한 갈등과 충돌이 끊이지 않을 것이라고. 만약 리
더가 핵심 가치대로 살지 못하면, 리더에 대한 신뢰가 깨질 수
도 있다. 이것은 리더십의 약화로 이어지니 조심해야 한다.

내면 나침반의 가치를 소통한다
사람을 위하는 리더는 구성원들이 가진 가치에 대한 갈증을 해

소하려고 노력한다. 목적과 비전 그리고 가치는 개인과 조직의 내적 나침반 역할을 한다. 별거 아닌 것을 위해 일하는 조직은 별거 아닌 일을 하는 사람들의 모임이 된다. 하지만 중요한 것을 이루고자 하는 조직은 모두가 중요한 것을 이루어나가는 존재가 되게 한다.

훌륭한 리더는 다른 것과 비교할 수 없는 값진 목적을 조직의 사람들과 열정적으로 공유할 수 있어야 한다. 리더는 이것이 가능하도록 먼저 성찰하고, 자신의 시간과 에너지를 사용하는 우선순위에 두어야 한다. 누구나 자신이 진정으로 가치 있는 일을 이루며 살기를 바란다.

사람들은 깨달음의 여부와 상관없이 자신들이 중요하게 생각하는 것에 자신의 시간과 에너지를 쓰며 산다. 여기에 한 리더가 있다. 그는 사람들에게 그들의 삶이 왜 가치가 있는지 깨닫게 한다. 함께 일하는 이유가 참으로 가치 있고 세상을 이롭게 하는 어떤 목적을 위해 사용된다는 것을 알려준다. 그래서 구성원들은 스스로가 가치 있는 삶을 산다고 느낄 수 있다. 구성원들이 단지 돈을 벌기 위함이 아니라 그 너머에 있는 참된 것을 추구하도록 이끈다. 그런 리더는 사람들에게 존경받는다.

프랙티스를 위한 질문 4

‣ 개인적인 차원에서 당신 삶의 명확한 방향성은 무엇인가?

‣ 조직 차원에서 당신 조직의 명확한 방향성은 무엇인가?

‣ 당신이 이 세상에 존재하는 이유는 무엇인가?

‣ 조직이 이 세상에 존재하는 이유는 무엇인가?

‣ 당신의 5년 후 비전은 어떤 모습인가?

‣ 조직의 5년 후 비전은 어떤 모습인가?

‣ 당신에게 가장 중요한 가치 3가지는 무엇인가? 이것이
  당신이 중요한 선택을 내리는 데 어떻게 작용하는가?

‣ 당신의 조직에 가장 중요한 가치 3가지는 무엇인가? 이것이
  당신의 조직이 의사결정을 하는 데 어떻게 작용하는가?

‣ 당신은 내면의 나침반에 대해 동료들과 자주 소통하는가?
  이를 실천하기 위해서 어떻게 하겠는가?

5

먼저 자신의 내면을 본다

조직 문화의 기원은 리더이다

조직 내 사람 간의 갈등과 부정적인 충돌을 경험한 리더는 대부분 외부에서 그 문제의 원인을 찾는다. 하지만 그들의 컨설턴트로, 혹은 코치로 해주고 싶은 말이 있다. 그 문제는 외부의 어떤 누구 때문에 발생하는 것이 아니라, 당신의 리더십 스타일 때문이라고.

바로 당신이 책임자다.

미국의 사업가이자 베스트셀러 작가인 벤 호로위츠Ben Horowitz는 그의 저서 『최강의 조직What you do is who you are』에서 말했다. 리더는 조직 문화 자체를 형성할 수 있을 만큼 영향력이 크다는 것을 명심해야 한다고. 만일 그 조직의 문화가 낮은 수준에 머문다면 리더십을 가장 먼저 점검해야 한다.

조직 피라미드 제일 위의 리더는 동료들의 행동에 영향을 주고, 그들이 다시 자기 동료들의 행동에 영향을 준다. 결국 전 구성원들이 어떻게 행동하는지가 리더에 의해 결정되는 것이다. 변화의 가장 빠른 길은 조직 피라미드의 가장 아래에 있는 말단 사원의 행동을 변화시키는 것이 아니라, 가장 위에 있는 리더의 생각과 행동을 혁신하는 것이다. 리더 개인뿐만 아니라 구성원 모두를 더 나은 리더십의 소유자로 만들 기점은 리더이다.

리더 자신에 대한 이해가 시작이다

하버드 경영대학원의 다니엘 골먼Daniel Goleman은 그의 저서 『무엇이 리더를 만드는가?What makes a leader?』에서 진정한 리더는 감성 지성Emotional Intelligence을 갖추어야 하고, 그 첫째가 자기 인식이라고 언급했다. 그는 자기 인식이란 감정, 상태, 열정, 강점 등을 스스로 이해하는 능력이며, 그것이 다른 사람에게 미치는 영향을 파악하는 역량이라고 정의한다.

자신에 대해 무엇을 알아야 할까? 훌륭한 리더는 이 질문의 답을 안다. 그리고 타인을 알아가기 위해서 그 답을 적용한다. 이 답은 사람마다 다르다. 기준 혹은 방법은 사람마다 혹은 전문가마다 다를 수 있다.

리더십 코칭을 할 때 자기 인식을 위해 고객에게 자신의 스토리를 적어보는 것을 권한다. 한 사람의 철학은 책이나 사람, 기타 과거의 경험으로 형성되기 때문이다.

기억나는 어렸을 때의 사건들, 성장 과정에서 경험했던 일들, 그런 것들을 통해서 깨닫게 된 점과 중요하게 생각하게 된 것들을 적게 한다. 자신의 행동 패턴이나 사고방식 같은 부분을 객관적인 관찰자가 되어서 적어보는 것도 좋다. 영향을 미친 책과 사람에 대한 부분도 빠뜨릴 수 없다. 좋아하거나 잘하는 활동에 대해서도, 싫어하거나 부족하다고 생각하는 활동에 대해서도 적을 수 있다.

이렇게 다양한 측면에서 스스로에 대해 적어보고
정리하는 것은 훌륭한 자기 인식의 출발점이다.

리더는 자신이라는 존재를 다루기 위해 시간과 노력을 들여야 한다는 것을 안다. 시간과 에너지를 들여 실천한다는 점이 리더와 리더가 아닌 사람의 차이다.

리더는 필수적으로 "나는 나를 제대로 알고 있는가?"라는 질문을 수시로 던져야 한다. 여기서 나를 안다는 것이 함축하는 뜻은 구체적으로 무엇일까? 자신에 대해서 정확히 잘 알 때 타인에 대해서도 더 잘 알 수 있는 역량이 생긴다. 즉, 나에 대해서 알고자 하는 노력을 소홀히 한다면 타인에 대해서도 잘 모르게 된다는 뜻이다.

사람이라는 기본적인 존재의 속성은 변하지 않는다. 신념과 가치관 그리고 자신의 존재를 표현하는 것들은 태어나면서부터 혹은 오랜 시간에 걸쳐서 의식적, 무의식적으로 형성되기에 완전히 변하기가 어렵다. 따라서 자신을 잘 알아가는 사람과 그렇지 못한 사람은 시간이 지날수록 존재적 관점에서 큰 차이가 나게 된다. 이는 성장Personal Growth 혹은 성품 개발Character Development의 한 영역이다. 자신을 잘 아는 사람은 시간이 지날수록 존재감이 드러난다. 환경이 빠르게 변할수록 흔들림이 없는 존재감은 더욱 빛을 발휘한다.

다른 사람의 피드백이 온전한 나를 알게 한다

자기 인식 분야의 전문가로 알려진 타샤 유리크Tasha Eurich 박사는 칼럼 「자기 인식은 정말 무엇인가?What self-awareness really is?」에서 자기 인식을 다음과 같이 설명한다.

완벽한 자기 인식이 리더십의 출발점이다.
이를 위해서는 내적 자기 인식과 외적 자기 인식을
통합하는 노력을 지속해야 한다.

타샤 유리크 박사가 5,000명의 리더를 관찰하고 연구한 결과는 다음과 같이 요약된다.

① 2가지 종류의 자기 인식이 있다. 어느 쪽이 진실인지를 따져봐야 한다. 대부분 자신을 잘 알고 있다고 생각하지만 10~15%의 사람만이 자신을 제대로 인식한다.
② 경험과 힘이 증가할수록 리더의 자기 인식은 방해를 받는다.
③ 자기를 돌아보는 행위가 언제나 자기 인식을 향상하는 것은 아니다. 부정확하고 비효율적인 경우가 많다.

사람마다 자신이 누구인지 그리고 어떻게 행동하는지에 대한 생각과 기준을 갖는다. 이러한 기준은 내적 자기 인식에 불과하다. 내적 자기 인식만으로는 완전한 자기 인식을 한다고 말할 수 없다. 나를 객관적으로 관찰하는 타인의 피드백을 통해 자기 인식을 검열하는 자기 성찰의 자세로 균형을 맞출 필요가 있다.

나는 나에 대해서 알고 있는 영역과 모르고 있는 영역이 있으며, 타인도 나에 대해서 알고 있는 영역과 모르고 있는 영역이 있다. 그래서 타인만이 아는 영역을 알고자 노력하면, 즉 외부의 피드백을 들으면 자신에 대한 좀 더 객관적인 인식이 가능하다. 이를 바탕으로 리더는 자신의 성장에 부족한 영역을 발견할 수 있다.

일기를 쓰거나 경영 노트를 작성하는 것은 피드백 정리에 아주 유용한 습관이다. 바쁜 리더일수록 혼자만의 사색과 성찰의 시간을 확보하는 것이 중요하다. 다시 말하자면 훌륭한 리더는 나라는 존재를 다루고자 지속적으로 노력한다. 그렇게 자기 자신의 존재에 대해서 성찰하는 여러 활동이 존재를 다루는 시작점이 된다.

자신에게 솔직한 피드백을 줄 수 있는 피드백 친구
혹은 상호 확인 파트너를 두는 것도
전략적인 장치가 될 수 있다.

직장 내에서 자신의 퍼포먼스를 관찰하고 피드백을 줄 수 있는 동료는 자기 성장에 더없이 중요한 존재다. 기혼자의 경우 배우자에게 자신의 말과 행동에 대한 진솔한 피드백을 요청할 수 있다. 배우자만큼 가까이서 관찰하는 사람은 세상에 없기 때문이다.

나 또한 배우자가 한 번씩 가볍게 던지는 피드백이 나의 행동과 말의 습관을 포착하는 중요한 코멘트였다. 배우자에게 공식적으로 피드백을 해달라고 요청하자. 이것은 배우자를 진정한 동반자로 인정하는 과정이기도 하다.

전문 코치로부터 정기적인 코칭을 받는 것도 리더의 훈련법이다. 전문 코치는 제 3자의 입장에서 객관적으로 건설적인 피드백을 줄 수 있는 전문적인 훈련을 받은 사람이다. 전문 코치는 적절한 질문을 통해 리더들의 행동 변화를 이끌어낸다. 피드백을 받고자 하는 행위는 겸손을 넘어서 실천하는 리더로서 꼭 필요한 자질이다.

코치에게 투자하는 시간과 비용은 리더십 성장과 확장을 위한 아깝지 않은 투자다. 셀프 피드백과 외부 피드백을 지속할 수 있다면 시간이 지날수록 단점은 보완되고 강점이 강화되는 진정한 성장을 경험할 수 있다.

전인적인 특성을 정리한다

알고 있는 것과 아는 것이 행동으로 발현되는 것은 차이가 있다. 사람의 행동에는 관성이 있어 변화에 많은 시간과 노력이 필요하다. 사람을 온전히 인식하기 위해서 리더는 일종의 프레임을 가져야 한다. 이 프레임은 노하우가 쌓일수록 개선되고 고도화된다.

자기 인식 프랙티스를 위해 핵심 내용을 한 장의 문서로 정리하는 것을 추천한다. 나는 이를 전인 카드Whole-person card라고 부른다. 『오정근의 커리어 코칭』 저자이자 코칭학 교수인 오정근 교수에게서 비전 카드라고 소개받았던 것이 이 전인 카드의 근간이다.

한 사람의 성품에 대해서 알아두면 좋을 핵심 내용을 정리했는데, 가치와 관점에 따라서 세부 내용을 수정하여 사용할 수 있다. 전인 카드라는 용어에서 보듯이 성격 유형, 강점, 흥미, 직업 가치, 직업적 비전, 미션에 대한 내용을 종합적으로 정리한다.

사람마다 "전인적 존재를 어떻게 이해할 것인가?"의 기준이 다르다. 객관적인 진단 도구를 활용한다면 인간 존재의 다양한 속성을 체계적으로 정리하는 데 도움된다. 이를 한 장에 담아두는 것이 전인 카드다.

나의 전인 카드		작성자	
		작성일	
속성	**분석틀**	**내용**	
성격	MBTI 진단		
	에니어그램 진단		
	버크만 진단		
강점	나의 강점 키워드	1.	
		2.	
		3.	
	강점 지능 진단 (3가지)	1.	
		2.	
		3.	
	강점 미덕 진단	1.	
		2.	
		3.	
흥미	흥미 진단	1.	
		2.	
핵심 가치	직업 가치 진단	1.	
		2.	
		3.	
비전 (10년 후)	어떤 사람이 되기를 바라는가?		
존재 목적	이 세상에 존재하는 이유는 무엇인가?		
힐링 구호	에너지를 높여주는 구호는 무엇인가?		

성격을 이해한다

2022년 2월 한국일보에 MBTIMyers-Briggs Type Indicator를 기준으로 사람을 뽑는다는 기사가 실렸다. 신입사원 채용에도 지원자의 성품을 파악하려는 노력이 있다는 점에서는 긍정적인 변화다. 하지만 앞서 언급한 것처럼 한 사람의 존재에 대한 전인적인 이해가 아니라, 결과와 해석의 정확도를 보장할 수 없는 테스트를 채용의 일부 기준으로 적용하는 상황은 우려된다. 직장 내에서 세대 간 차이가 심화하니 조직 문화를 만들려는 분위기가 이런 현상으로 나타나는 것이 아닐까 생각한다.

　「하버드 비즈니스 리뷰」에 실린 'MBTI 지표의 국제적 활용International Use of the Myers-Briggs Type Indicator'이라는 제목의 기사는 MBTI가 세계에서 가장 널리 사용되는 성격 진단 도구라고 설명한다. MBTI는 세계 2차 세계대전 이후에 캐서린Katherine Cook Briggs과 그의 딸 이자벨Isabel Briggs Myers이 카를융Carl Jung의 성격 유형 이론을 바탕으로 테스트를 통해서 결과를 도출할 수 있는 질문지를 만들었다. MBTI의 기본 원리는 사람들이 정보를 수집하고 프로세스하는 방식에 대한 것이다.

　사람들은 대부분 시간을 인식Perceiving하거나 판단Judging하는 데 쓴다. MBTI의 진단 결과에서 P로 표기되는 부분은 현상을 받아들이는 태도이고, J는 현상을 판단하는 태도다.

사람들이 인식하고 판단하는 태도는 더 세부적인 유형으로 구분할 수 있다. 인식은 감각적Sensing인 것과 직관적Intuition인 것으로 나뉜다. S를 주로 사용하는 사람은 현실적, 실제적, 즉각적, 실용적으로 관찰하는 태도를 보인다. N을 사용하는 사람들은 미래 가능성, 함축적 의미, 상징적이면서 이론적인 패턴을 주로 인식한다.

판단은 사고하는Thinking 사람과 느끼는Feeling 사람으로 나뉜다. 여기서 T는 논리적 분석과 원인과 영향을 우선시하고, F는 감정적인 판단과 사람과 관계를 우선시한다.

끝으로 사람들이 인식과 판단을 할 때에는 외부 세계와 내부 세계를 대하는 태도가 다르다고 한다. MBTI에서 I 유형은 내부 세계Introversion의 콘셉트와 생각을 중요하게 여기는 경향을 말하고, MBTI에서 E 유형은 외부 세계Extraversion의 사람과 사물을 중요하게 여기는 경향을 말한다. 이 기준을 아는 사람들의 흔한 오해는 E 유형인 사람은 항상 사람들에게 속해 있고, I 유형인 사람은 다른 사람과 교제하는 것을 그다지 좋아하지 않는다는 편견이다.

MBTI가 사람들의 성격 유형을 이렇게 나누는 목적은 리더가 사람을 더 잘 이해할 수 있도록 돕는 것이지 사람을 유형화하고 기준에 부합하는지 혹은 부합하지 않는지와 같은 편의를 제공하려는 것이 아니다.

MBTI나 버크만과 같은 진단 도구를 사용하는 이유는 학자들이 성격 유형에 관한 이론적 배경을 설명해 두었기 때문이다. 성격 유형에 대한 이해도를 높일 수 있고, 자신이 어떤 유형에 속하는지를 아는 것은 자기 성찰과 분석에 유용한 도구가 된다는 점이다.

이런 진단 도구는 편리하게 자신을 객관화해서 볼 수 있다는 장점이 있다. 하지만 진단 도구가 성격을 완벽하게 분석하는 것은 아니다. 질문지에 어떻게 답하느냐에 따라서 결과의 값이 다르게 나오기 때문이다. 개인마다 질문에 대한 이해가 다르고 답변 자체가 주관적이기 때문에 참고 정도로 활용하기를 권한다.

진단 결과를 무조건 신뢰하기보다는 그 결과가 나온 이유에 대해서 스스로 생각해 본다. 자신의 경험이나 앞서 적은 자신의 스토리와 맞는지도 판단해 볼 수 있다. 진단 결과 해석을 위해서 인증된 전문가나 이에 관한 전문적 지식이 있는 지인이 있다면 자신의 성격에 가장 가까운 유형을 찾는 데 도움을 받을 수 있다. 테스트를 통해 바로 성격 유형을 찾겠다는 조급한 마음보다는 테스트 이후의 프로세스 과정이 더 중요한 것임을 잊지 말자.

에니어그램Enneagram도 성격 유형 분석에 활용되는 진단 도구다. 에니어그램은 2000년 이상의 역사를 갖는다. MBTI보다 성격 유형의 종류를 세분화했다. 크게 가슴형, 머리형, 장형 3가지로 나눈다. 그 안에서도 다시 3가지 유형으로 나눠 성격 유형을 총 9가지로 분류한다. 본성에 가까운 메인 성격 유형 이외에 날개라는 후천적 학습 성격 유형도 파악할 수 있다.

에니어그램도 질문을 통해서 진단한다. 질문에 대한 답변을 어떻게 하는가에 따라서 결과의 값이 다르게 나올 수 있다. 마찬가지로 진단 결과를 바로 신뢰할 수는 없다. 자신의 성찰과 주변 사람들과의 대화를 통해서 메인 유형과 날개 유형을 찾아내야 한다. 자신의 유형을 찾고 그것에 대해 확신하는 데 1년 이상의 시간이 걸리기도 한다.

살면서 습득하게 된 다양한 성격 유형들이 본성적인 성격 유형보다 더 강하게 발현되기 때문이다. 또 나이가 들수록 성격이 유연해지면서 후천적 성격 유형이 강해질 수 있다. 이 점을 염두에 두고 진단 결과를 분석하자. 결과를 디브리핑Debriefing 하기 위해서는 에니어그램 디브리핑 자격을 소지한 전문 코치의 코칭을 추천한다.

나도 전문 코치에게 디브리핑을 받았는데, 원래 갖고 있는 본성적인 유형보다 후천적 학습에 의한 성격이 메인 유형으로 발현되었다고 했다. 대학교 졸업 이후 해외 곳곳을 돌아다니면서 일하고 공부하느라 후천적으로 습득된 성격 유형들이 강하게 나타났기 때문이다. 성격 유형을 알고 깊이 성찰하면 자신의 진짜 모습이 어떤 모습인지 알 수 있다.

에니어그램 전문가인 최은주 전문 코치는 에니어그램을 해석할 때 중요한 기준은 겉으로 보이는 행동 이면의 두려움이나 어떤 동기라고 한다. 행동의 원인을 분별해야 한다. 경험 많은 에니어그램 전문가는 이러한 특성을 삶의 스토리에서 잘 파악한다. 자연스럽게 드러나는 행동 유형이 자신의 진짜 성격과 관계 깊을 가능성이 크다. 에니어그램 해석에는 함정이 있기에 실력 있는 전문 코치를 만나 도움받는 것이 좋다.

버크만 진단Birkman Method은 미국의 심리학자 버크만Roger Winfred Birkman 박사가 제 2차 세계대전에 참전하는 도중 얻은 성격 유형에 관한 깨달음을 바탕으로 개발한 것이다. 버크만 진단은 사람의 성격을 흥미, 평소 행동, 욕구, 스트레스라는 4가지 요소로 나누어 살펴본다.

이 4가지 요소를 생활양식 도해Life Style Grid라고 한다. 정사각형을 사분면으로 나눠 요소들의 위치를 제시하는데, 크게 사람 중심과 과제 중심 그리고 간접소통 중심과 직접소통 중심으로 나눈다. 또 조직 생활 방식과 11가지 관계 요소를 평소 행동과 욕구, 스트레스의 요소로 설명한다. 이 부분은 한 사람의 평소 행동과 숨겨진 욕구를 잘 이해할 수 있도록 돕는다. 버크만은 자기 인식의 확대를 돕고 상대에 관한 인식의 지평을 넓히는 데 도움을 줄 수 있다. 리더는 구성원들의 특성과 관계 방식을 이해하는 데 버크만을 활용하면 좋다. 자세한 내용은 버크만 코리아 웹사이트(www.birkman.com)를 참고하기 바란다. 버크만 진단은 버크만 디브리핑 자격이 있는 전문가를 통해서 신청할 수 있다.

지금까지 언급한 성격 유형 진단 도구들은 한 사람의 내면을 이해하는 논리와 프레임을 제시하는 데 실제로 큰 도움이 된다. 코치들은 이런 여러 도구를 활용하거나 하나만 선택적으로 사용하기도 한다. 리더는 프랙티스하는 과정에서 자신만의 기준을 수립하여 어떤 도구를 어떻게 활용할 것인지 결정해 보자.

강점과 흥미를 이해한다

경영학의 아버지 피터 드러커는 자신의 강점이 무엇인지 분명히 알자며 그의 저서 『프로페셔널의 조건Pathway to Professional』에서 반복하여 강조한다. 자신의 강점을 알아야 직업 세계에서 남들보다 뛰어난 성과를 낼 수 있기 때문이다. 나 또한 지금까지 강점에 관한 이야기를 많이 들었지만, 직업 현장에서 강점의 활용이 어떤 의미인지 깊이 '의식'하지 못했던 때가 있었다.

하지만 그 의미를 아는 지금은 강점에 대한 이해가 명확해질수록 내가 해야 할 일과 다른 사람이 해야 할 일에 대한 구분이 선명해지는 것을 느낀다.

한 사람의 강점은 3가지 방법으로 파악할 수 있다. 첫 번째는 경험을 토대로 스토리를 만들어 자신이 무엇을 잘하는지 3가지 키워드로 적는 것이다. 키워드를 도출할 때는 에너지의 높고 낮음 그리고 성과가 있고 없음을 따져보자. 그렇게 분류하면 우선순위를 편리하게 정할 수 있다. 강점이 많은 사람도 1부터 10으로 점수를 매겨 가장 상위의 강점이 무엇인지 파악하여 정리한다.

두 번째는 강점 지능 테스트다. 무료 진단 도구인 다중 지능 검사(https://multiiqtest.com)를 이용할 수 있다. 이 강점 지능 테스트를 통해 3가지 가장 강한 지능을 선별해 적어둔다.

세 번째는 강점 미덕 진단이다. 강점 미덕 무료진단 테스트를 통해서 결과를 얻을 수 있다. VIAVirtue-In-Action 웹사이트(https://www.viacharacter.org)에서 이용할 수 있으며 한국어 선택도 가능하다. 진단 시간은 10분 내외로 비교적 빠르게 자신의 강점 미덕을 파악할 수 있다. 강점 미덕 결과 중 3가지 키워드를 적어둔다.

흥미를 어떻게 정의하느냐에 따라서 진단의 내용이 달라질 수 있다. 앞서 언급한 버크만 진단도 흥미를 중요한 요소로 다룬다. 일반적으로 흥미란 무언가를 좋아해서 에너지가 높아지는 태도나 행동 혹은 분야로 본다. 버크만 진단의 흥미 요소를 참고하여 직업 분야의 흥미를 상세하게 적는 것을 추천한다. 워크넷(www.work.go.kr)에 가입하면 직업 흥미 코드 테스트를 무료로 받을 수 있다. 테스트는 2가지의 흥미 유형 결과를 제시한다. 어떤 의미인지 진단 해석을 읽은 다음 이 2가지를 전인 카드에 적고 짧게 감상을 적어보자.

가치, 비전, 미션을 이해한다

핵심 가치는 자신의 행동과 선택의 근거다. 말이 아니라 겉으로 드러나는 결과가 그 사람의 실질적인 핵심 가치다. 가치에는 종류가 많다. 우선순위를 판단하기가 어려운 경우도 많다. 이 판단에 필요한 가치를 선별하는 활동을 통해 핵심 가치를 뽑아내면 어떨까? 먼저 시중에 판매하는 가치 카드를 구매, 가치 리스트를 최대한 확보한다. 혹시 자신이 생각하는 가치 키워드가 있다면 그것을 종이에 적고 추가해도 좋다. 가치 리스트가 준비되면 하나씩 빠르게 지나가면서 다음의 3가지 그룹으로 분류한다.

· 아주 중요한 가치
· 보통으로 생각하는 가치
· 별로 중요하지 않은 가치

수집된 가치를 분류한 후 아주 중요한 가치로 분류된 가치들을 다시 핵심 가치와 중요한 가치로 분류한다. 핵심 가치에 최대 3가지 정도를, 중요한 가치에 나머지 가치를 포함하면 된다. 이렇게 하면 수많은 가치 중에서 자신이 가장 중요하게 생각하는 가치를 선별할 수 있다. 결과는 사진으로 찍어두거나 적어서 보관한다.

직업 가치 검사를 무료로 받을 수 있는 워크넷에서도 결과를 통해 3가지 정도로 핵심 가치를 뽑아준다. 이렇게 테스트를 통해서 얻은 가치들과 자신이 직접 선별한 가치를 비교하여 최종적으로 3가지의 가치를 정한다. 그것을 전인 카드에 적고 그 가치가 의미하는 바를 간략히 적는다.

가치를 정리하면 어떤 점이 좋을까? 중요한 기로에서 합리적인 선택을 하도록 도움을 준다. 인생은 선택의 연속이다. 선택을 통해 우리는 자신만의 인생을 만들어 나간다. 남들과 경쟁하기보다는 자신만의 가치를 고수하고 만들어 나가는 삶은 시간이 갈수록 뿌리 깊은 나무와 같이 단단하게 될 것이다.

비전은 시간 설정에 따라 답변이 달라질 수 있다. 30년 후의 비전과 5년 후의 비전이 같을 수 없기 때문이다. 그래서 인생 전체를 두고 비전에 대해 한 번은 고심해 봐야 한다. 전인 카드에는 5년부터 10년 사이의 직업적 비전을 적도록 한다. 이것은 단기간의 목표를 위해 필요한 작업이다. 이때 자신의 직업적 비전은 하나의 키워드로 적는다. 이 하나의 키워드가 어떤 의미가 있는지 알아야 한다. 이 키워드가 미래를 향해 나아갈 방향성을 정하고, 현재 나의 시간을 어디에 투자할 것인지 결정하기 때문이다.

피터 드러커는 "집중된 노력 없이 무엇인가 이루어졌을 것으로 생각하는 우를 범하지 말아야 한다."라고 조언한다. 한 번에 한 가지를 이룬다는 심정으로 단기적 시간 프레임에서 자신이 가장 집중해야 할 분야가 무엇인지 설정한다. 그렇게 하면 어떤 직업인이 되는지 심사숙고할 수 있다. 비전은 의사결정 선택의 나침반이다.

미션은 다양한 용도로 자주 언급된다. 목표 혹은 단기 타깃 정도로 이해하기도 하고 영화 제목처럼 임무라는 의미도 있다. 리더의 프랙티스에서 미션은 존재 이유를 말한다. 즉, 다음 질문에 대한 답변이다.

당신은 무엇을 위해 이 땅에 존재하는가?

미션은 단기적인 비전보다 장기적인 관점에서 삶의 이유와 의미를 설정하는 것이다. 적어도 10년 이상 무엇을 하든지 그 이유와 동기를 설명해 주는 선언이다. 훌륭한 리더는 자신이 하는 일의 의미를 미션으로 설명하는 사람이다. 훌륭한 리더를 따르는 사람들은 자신들이 협력하는 일의 의미를 명료하게 이해할 수 있다. 미션은 장황한 글이 아니다. 한 문장으로 자신이 어떤 일을 하는지 이유를 분명하게 밝혀야 한다. 그것이 리더 정체성의 한 부분을 설명한다.

나도 미션을 정하기 위해서 지난 삶의 스토리를 글로 적었다. 그동안의 직업적 경험, 만났던 사람들 그리고 영향을 받은 서적과 인물들을 떠올리면서 그것이 나에게 의미하는 바를 정리했다. 그러다 내가 어떤 동기로 그런 경험을 했는지 공통점을 분석할 수 있었다. 그래서 결론을 얻었다. 나는 무슨 일을 하든지 사람들의 존재 가치를 알아주고, 그들의 잠재력을 파악하는 것에 관심이 있다는 것을. 이를 통해 나와 관계되는 사람들이 현재 상태보다 더 큰 성공을 얻고 삶을 값지게 살기 바란다는 것을.

이것이 나의 모든 업무를 관통하는 동기 요인이었다. 바로 이 책의 핵심 주제인 사람을 위하는 경영에 관한 것이었다. 다음과 같이 한 문장으로 적을 수 있었다.

사람과 조직의 잠재력을 발굴하여 성공하도록 돕는다.

이렇게 내가 이 땅에 존재하는 이유를 명료하게 표현했다. 일할 때 이 점을 늘 머릿속에 상기한다. 중요한 의사 결정을 할 때도 기준으로 삼는다. 고객들을 만날 때 내가 누구고 나의 미션은 무엇인지 간략하게 언급하면서 시의적절하게 나를 소개한다. 자신의 깊은 존재 의식을 드러내는 활동은 주변 사람들에게 내가 누구인지 알려주는 의사소통 기법 중 하나다. 이러한 활동은 고객이 나를 신뢰할 수 있도록 하는 핵심 요소다.

리더의 열망이 조직의 열망으로

훌륭한 리더는 자신의 정체성을 분명히 한다. 적어도 관계 속에서 자신이 누구인지, 무엇을 추구하는 사람인지, 미션, 비전, 핵심 가치를 통해서 자신의 열망을 표현할 수 있다. 개인의 열망일지라도 그것이 공동선에 부합한다면 그것은 조직의 열망이 될 수 있다.

주변을 둘러보라. 당신과 함께하는 사람은 짧은 인생의 소중한 시간, 건강 그리고 에너지를 당신을 위해서 투자한다. 이 얼마나 감사한 일인가! 이것이 값지도록 리더는 주변 사람에게 함께하는 이유와 목적, 방향성과 같은 정체성을 분명히 해야 한다. 사회와 조직을 향한 리더의 아름다운 열망은 같은 뜻을 가진 동료들과 함께 강력한 팀을 구축할 수 있는 기반이 된다.

프랙티스를 위한 질문 5

‣ 리더인 당신이 조직 문화를 결정한다는 주장에 대해서
  어떻게 생각하는가?

‣ 당신이 바라는 조직 문화는 어떤 모습인가?
  구체적으로 묘사해 보자.

‣ 당신은 자신의 존재에 대해 얼마나 인식하고 있는가?
  전인 카드로 정리하는 것이 당신에게 어떤 도움을 주겠는가?

‣ 당신의 내적 인식과 외적 인식은 어떻게 차이가 나는가?
  그 차이에 대한 경험을 나누어보라.

‣ 내적 인식과 외적 인식의 차이를 줄이기 위해서 당신은
  무엇을 할 수 있는가?

‣ 당신의 리더십이 긍정적인 방향으로 확장되는 모습을
  묘사해 보라. 그러한 결과는 무엇을 보고 판단할 수 있는가?

‣ 당신의 열정이 조직의 열정으로 확산되기 위해서 어떤
  노력이 필요한가?

6

이제는 타인의 내면을 본다

동료를 알기 위해 노력한다

내가 컨설팅한 회사의 창업자는 조직의 단합을 끌어내기 위해
자신이 회사를 시작하게 된 이유를 전 구성원에게 소개했다.
그가 어려움을 극복하고 회사를 시작한 이유는 세상에서 좋은
변화를 끌어내기 위해서였다.

리더가 선한 열망을 소개했음에도 조직의 단합은 어려웠다.
그 이유는 개인의 열망이 조직의 열망으로 이어지지 못했기 때
문이다. 어떻게 해야 구성원들이 창업자의 열망과 함께할 수
있는가? 모든 리더는 이 부분을 깊이 고민하고 행동에 반영해

야 한다. 리더에게 던진 나의 질문을 보자.

구성원들의 개인적인 열망이

무엇인지 아는가?

리더들은 자신의 야심 찬 미션과 비전에 대해서는 목소리 높여 중요하다고 외친다. 하지만 정작 주변 사람들의 마음속에 어떤 열망이 있는지 알아내는 데는 시간과 에너지를 사용하지 않는다.

동료들이 자신을 알아주지 않는 리더를

따라야 하는 이유가 있는가?

당신이라면 자신의 뜻만 이루려는 리더를 따르겠는가?

안타깝게도 우리 사회의 리더들은 회사를 키우고 월급을 주는 고용인에 머물고 있다. 훌륭한 리더는 그런 자기중심적인 태도에서 벗어나, 타인 중심적인 태도로 한 걸음 더 나아가 행동해야 한다. 리더는 자기 인식을 확대하기 위해서 노력한 것처럼 동료에 대한 인식을 확장하기 위해 노력해야 한다. 자기 자신에 대한 이해가 깊은 리더는 자연스럽게 밖으로 시야를 확장해 타인에 대한 이해도 할 수 있다. 자기 인식을 위해서 사용된 지식과 지혜가 타인을 이해하는 데도 사용될 수 있기 때문이다.

조하리 창Johari's Window은 1950년대에 미국의 심리학자 조셉 루프트Joseph Luft, 해링턴 잉햄Harrington Ingham이 개발한 '자신과 타인의 인식을 설명하는 프레임'이다.

	자신이 아는 영역	자신이 모르는 영역
타인이 아는 영역	**열린 창**	**눈먼 창**
타인이 모르는 영역	**숨긴 창**	**미지의 창**

Johari's Window 자신과 타인의 인식을 설명하는 프레임

조하리 창은 실용적이고 현장에서 문제 해결을 위해 바로 적용할 수 있는 도구로 스스로 답을 발견하도록 돕는다.

그림의 가로축은 자신이 인식하는 영역과 그렇지 못한 영역을 나타낸다. 세로축은 타인이 인식하는 영역과 그렇지 못한 영역이다. 조하리 창에서 얻을 수 있는 가르침은 다음과 같다.

① 나와 타인은 서로를 아는 것에 차이가 있다. 이 점을 이해하면 서로에게 발생하는 오해로 인한 불편한 감정을 통제할 수 있는 기본을 갖추게 된다.

② 서로를 아는 것이 확대될 때 열린 관계, 즉 서로의 관계가 향상될 수 있다.

③ 스스로 인식하지 못하는 것을 타인이 알 수 있다. 즉, 타인의 앎이 자신의 인식을 확장하는 데 중요하다.

④ 타인이 인식하지 못하는 것을 나는 알 수 있다. 즉, 내가 타인의 인식 확장을 도울 수 있다.

결국 서로 관찰하고 소통함으로써 자기 인식의 영역을 확대할 수 있다. 우리가 옆에 있는 가족 혹은 동료를 바라볼 때 이러한 관점에서 접근하는 프랙티스를 한다면 더 풍성한 관계가 만들어질 것이다.

그래서 나는 타인에 대한 앎을 챙기는 것을 리더십의 중요한 요소라고 생각한다. 어떤 사람에 대한 느낌이나 인상도 하나의 앎의 형태가 될 수 있지만, 그것만으로는 부족하다. 사람을 일의 본질로 여기는 리더는 사람을 이해하는 틀을 갖기 위해 노력한다. 인간 존재에 대한 이해도를 높이는 노력을 한다고 표현할 수도 있겠다.

심리학과 철학에서 이러한 내용을 다룬다. 리더는 인간에 관한 이해를 바탕으로 쉽게 적용할 수 있는 분석 도구들을 활용해 조직을 관리할 수 있어야 한다. 지금까지의 리더는 전문성이 기준이었다. 하지만 미래의 리더를 판단하는 기준은 사람을 이해하는 역량과 사람을 키우는 역량이 전문성과 함께 평가될 것이다. 2022년 MS는 인력 이탈을 막기 위해 성과급을 2배로 올렸다. 인재 경영 분야에서 세계적인 컨설팅 회사인 로버트 월터스Robert Walters는 인력 이탈 현상에 관해 설명하면서, 인구가 감소하는 국가의 경우 그러한 현상이 심화할 것이라고 진단했다.

이에 대한 대안으로는 경력 개발의 기회를 명확히 제시, 우수 인력의 역량 개발, 경영진과 잦은 소통, 복지제도 및 특혜와 같은 비금전적 요인을 보강하는 것이 중요하다고 언급했다. 금전적인 보상 제안을 받은 구성원의 40%가 1년 안에 다시 새로운 구직활동을 시작한다는 통계를 보면 비금전적 요인의 중요성을 알 수 있다.

인력 확보 경쟁이 심화할수록 리더들의 역할과 역량은 중요해진다. 앞으로의 회사는 사람을 일의 본질로 보고 건강한 리더십을 만들 수 있는 리더에게 더 높은 가치를 부여할 것이다. 한국의 많은 기업은 이러한 리더를 키워내야 하는 큰 과제를 안고 있다.

중소기업 컨설팅을 할 때 타인의 인식을 확장하기 위해 내가 자주 사용하는 방법이 있다. 주로 첫 미팅에서 활용하는데, 바로 자기소개가 아닌 타인 소개를 하는 것이다. 미팅 참여자들에게 자신이 앉아 있는 오른편 혹은 왼편의 사람을 소개하라고 할 때 처음에는 당황한다. 옆 사람을 소개하는 것이 부담스러운 것은 사실이다. 그 사람에 대해 자신이 가지고 있는 내면의 인식을 드러내는 행위이기 때문이다.

더욱이 상대방에 관해 생각하는 점을 말하는 것은 외부 피드백의 연장선에 있는 행동이다. 서로를 소개하는 시간을 가지는 것은 아주 간단하지만, 그 효과는 바로 나타난다. 즉각적으로 서로에 대해 인식의 영역이 확장된다. 그리고 이것은 근본적으로 관계의 확장으로 이어진다.

신뢰를 형성한다

나는 자주 리더들에게 이렇게 물어본다.

리더십에서 핵심 요소는 무엇이라고 생각하세요?

많은 경우에 "신뢰가 바탕이지요."라는 답변을 듣는다. 그러면 나는 다시 "그러면 신뢰를 주기 위해서는 어떻게 해야 하지요?"라는 질문을 하면 리더들은 곰곰이 생각한다.

과연 신뢰는 어떻게 쌓는 것인가?

답을 찾기 위해 자신에게 "나는 누구를 신뢰하는가?"라는 질문을 해보자. 우리는 우리가 잘 알고 이해하는 사람을 신뢰하는 경향이 있다. 내가 상대방의 인격과 배경을 잘 알 때 그 사람을 신뢰할 수 있다. 즉, 내가 타인에 대해 알고 있는 영역의 범위를 넓히는 것이 그 사람을 신뢰할 수 있는 기본 노력이 된다. 이러한 관점에서 "리더인 당신은 구성원들에게 신뢰를 얻고 있습니까?"라는 질문은 다음과 같이 바꿀 수 있다.

구성원들은 당신에 대해 무엇을 알고 있나요?

신뢰를 얻기 위해서는 기본적으로 자신이 어떤 사람인지 드러내야 한다. 자신이 누구인지 드러내지 않는데 주변 사람들이 당신을 어떻게 신뢰할 수 있겠는가? 당신이라면 당신이 잘 알지 못하는 리더를 신뢰할 수 있는가? 오늘날 발생하는 신기한 현상 중 하나는 직장에서 우리가 서로를 잘 알지 못한다는 점이다. 서로에게 관심이 없다. 신뢰를 회복하기 위해 리더와 구성원 사이에서도 서로를 얼마나 잘 알고 있는지 묻기를 권한다.

당신의 리더에 대해서 그리고 당신의 구성원에 대해서
얼마나 잘 알고 있는가?
그 사람의 개인적인 상황이나 배경에 대해서도 아는가?
상대의 성격에 대해서 얼마나 자신 있게 답할 수 있는가?
취미와 강점을 얼마나 아는가?

관찰을 통해 주관적으로 판단을 내리겠지만, 좀 더 객관적이고 확신에 찬 답변을 할 수 있어야 한다.

자신의 옆에 있는 사람을 소개할 때
그 사람의 이름, 강점, 조직 내에서의 역할
그리고 한 가지를 추측해서 말해보세요.

  이러한 질문을 하면 대부분 이름은 잘 답변하지만, 강점에 대해서는 생각하는 시간이 걸린다. 그리고 어떤 경우는 역할에 대해서도 깊이 고민한다. 그만큼 역할이 정리가 안 된 경우가 많다는 뜻이다. 그리고 추측을 하라고 했을 때 가장 많은 시간을 소요한다. 상대방에 대해서 부정적인 추측은 안 되겠고 긍정적이거나 중립적인 추측을 해야 하는데, 쉽지 않기 때문이다. 추측해 본 적이 없거나 당사자 앞에서 말을 고르기가 쉽지 않아서다. 이러한 현상을 통해 답변에 시간이 걸리는 질문일수록 그 사람이 생각해 보지 않은 질문일 가능성이 크다는 걸 알 수 있다.

  리더는 구성원들이 서로를 얼마나 잘 알고 있는지 평가해야 한다. 간단한 질문을 통해서도 좋고, 다양한 방법을 생각해 볼 수 있다. 추측하고 그 추측에 관해서 당사자가 답변하는 과정은 생각보다 굉장히 흥미로운 시간이 될 것이다. 사실 모두가 서로에 관해서 무엇을 생각하는지 궁금하기 때문이다. 평소에 감춰진 사실을 발견하는 묘한 쾌감 또한 맛볼 수 있다.

  조하리 창으로 본다면, 타인 인식의 영역이 조금 더 확대되는 순간의 실제적 사례가 될 것이다. 이러한 경험을 통해 10분 혹은 15분의 짧은 시간 동안 서로 많은 부분을 알아갈 수 있다는 점에 더 놀라게 된다. 적은 시간을 투자하더라도 어떻게 질문하는지 그 의도에 따라 구성원 간의 신뢰도와 연합 향상에 큰 효과를 볼 수 있다.

그러니 리더라면 바쁘다는 핑계로 구성원들을 이해하는 노력을 회피해서는 안 된다. 자신의 우선순위와 관심을 구성원들에게 맞춘다면 제한된 시간 안에 창의적인 방법으로 서로를 알아가도록 도울 수 있다.

자신을 드러낸다

강의나 코칭할 때 나는 먼저 개인적인 이야기를 몇 가지 언급한다. 이후에 나의 커리어를 소개한다. 직업적인 면만 소개하는 것은 내가 누구인지를 드러내는 데 그다지 효과적이지 못하기 때문이다. 상대방에게 신뢰를 주어야 하는 상황에서는 그런 소개는 큰 도움이 되지 않는다는 것을 경험으로 깨달았다. 사적인 부분을 드러내면 인간으로서 내가 누구인지 마음에 닿게 할 수 있다. 이러한 방식은 시간 대비 효율이 상당히 높다.

어떻게 짧은 시간 안에 나를 신뢰하게 하는가?

컨설팅이나 코칭 과정에서 구성원 인터뷰를 할 때도 개인적인 부분을 언급하는 방법이 유용했다. 인터뷰 질문에 진솔한 답변을 받기 위해서는 대상자가 나에게 마음을 열고 신뢰하는 마음이 있어야 한다. 이 방법은 접근을 쉽게 했다. 간단하지만 신뢰 구축에 효과적인 방법이다. 진심은 마음을 여는 열쇠다. 내가 어디서 자랐고, 현재는 어디에 살고, 아이가 셋이나 된다는 개인적인 이야기에 마음을 열고 자신의 이야기를 한다는 것을 알았다. 개인적인 이야기를 먼저 한 후, 나의 직업 소개를 짧게 하면 신뢰도가 높아진다.

훌륭한 리더는 이 점을 기억해야 한다. 그런데 리더들은 보통 자신이 누구인지 잘 드러내지 않는다. 바빠서, 지나치게 겸손해서, 혹은 성격이 내성적이라 그럴 수 있다. 많은 리더가 주로 일에 관해서 이야기한다.

불행한 것은 리더의 이러한 태도로 인해
구성원들은 자신의 시간과 노력을 도대체 누구에게
바치고 있는지 확신할 수가 없다.

훌륭한 리더는 인간적인 모습을 느끼게 한다. 자신의 약점과 강점을 적절히 드러내고, 주변 사람들이 자신이 어떤 사람인지 알도록 하기 때문이다. 훌륭한 리더는 자신의 구성원들이 일정한 기대치를 갖고 신뢰하게 해서 그들이 어떻게 행동하고 반응

해야 할지를 알려준다. 즉, 약점과 강점을 적절히 드러내는 리더의 행동이 관계에서 모호성을 제거해 준다. 구성원들이 리더를 편하고 확신 있게 대할 수 있도록 길을 열어주는 것이다.

당신은 명쾌한 리더인가 아니면 모호한 리더인가?
구성원들이 당신에 관해서 무엇을 더 알고 싶을까?

답을 모르겠다면 지금이라도 당장 구성원들에게 당신에 대해서 무엇을 알고 있는지 질문해야 한다.

동료의 내면을 글로 정리한다

리더는 조직의 상황에 적합한 전인 카드를 만들 수 있다. 먼저 자신에 대한 전인 카드를 만들었다면, 이제 당신의 동료에 관한 전인 카드를 만들 차례다.

리더가 구성원에 대해 알고 있는 것을 글로 적는 것은 모호한 생각을 명료하게 만들어 겉으로 드러나게 한다. 전인 카드는 조직이 인사를 관리하는 차트의 일부로 활용할 수 있다. 전인 카드를 이용하면 사람을 일의 본질로 여기는 조직 문화를 구축할 수 있다고 확신한다. 전인 카드는 그 사람의 성격, 강점, 흥미, 비전, 존재 목적처럼 본질과 관련된 내용으로 채워진다. 이 내용을 제대로 채우기 위해서 리더는 시간을 내야 하고 동료와 소통을 지속해야 한다. 이것은 신뢰를 쌓기 위한 생산적인 프랙티스다.

전인 카드를 작성하는 과정을 통해 리더는 시각과 관심을 구성원에게 돌릴 수 있다. 그리고 시간과 에너지를 사용해 행동하는 것으로 구성원이 "이 리더는 나를 진심으로 알고자 하는 리더구나."라는 인식을 심어줄 수 있다.

리더 그룹의 프랙티스는 조직 문화의 출발점이다

관리자 그룹이 있다면 그 그룹 안에서 먼저 실행해 볼 수 있다. 이것은 리더들이 서로를 이해하는 폭을 넓히고 연합할 수 있는 강력한 기반을 제공한다. 서로의 전인 카드를 중심으로 자신에 관해 이야기하고 상대에 관해 질문할 수 있다. 이 활동으로 관리자 그룹은 이전보다 투명해지고, 이해가 빨라지며, 서로를 신뢰하게 된다.

다음으로 관리자들은 자신들이 관리하는 팀에서 이것을 실천할 수 있다. 자신의 전인 카드를 한번 정리해 봤기 때문에 구성원들과 수행하는 것이 그렇게 어렵지 않다. 구성원들이 자신의 전인 카드를 작성하고 나면 정기적으로 모여서 서로의 전인 카드를 바탕으로 이야기를 나눌 수 있다. 이 과정을 통해 이

전에 있었던 오해나 마찰이 왜 발생했는지를 이해한다. 서로의 존재를 인식하고 연합의 쾌감을 느끼게 된다. 이 활동은 구성원들에게 자신이 이 조직에 속해 있다는 강력한 소속감Sense of Belonging을 제공한다. 소속감은 구성원들의 마음을 안정시키고, 심지어 불안과 정신적인 스트레스의 많은 부분을 해결해 준다.

일부 리더들은 자신이 지나치게 드러나는 걸 꺼릴 수 있다. 자신의 권위가 설 수 있을까를 반문한다. 그들은 적당한 거리감이 있어야 일이 제대로 된다고 생각한다. 혹은 구성원들이 자신을 얕보거나 가볍게 보지 않을까 두려워한다. 그렇게 생각하는 리더가 있다면 이렇게 질문하고 싶다.

지금까지 생각한 대로 구성원들이 잘 따르고 있는가?
구성원들이 진정성 있는 헌신을 한다고
자신 있게 말할 수 있는가?
구성원들과 함께 건강한 팀워크를 경험했는가?
당신에게 구성원들은 어떤 의미가 있는 존재인가?

마음에 거리낌 없이 답변할 수 있다면 이미 훌륭한 리더다. 그렇지 않다면 이상과 행동의 불일치로 인해서 고뇌하고 있는 리더일 가능성이 크다.

한 발짝 더 팀원들에게 다가가기 위해
무엇을 표현하고 드러낼 수 있는가?

아직도 자신을 드러낼 용기가 없는가? 리더가 드러냄을 실
천할 때 맛보는 기쁨과 행복은 클 것이라고, 이미 훌륭한 리더
의 자질을 갖춘 거라고 응원하고 싶다.

프랙티스를 위한 질문 6

‣ 당신은 평소 동료들에 대해서 무엇을 알고 있는가?
동료들에 대해 알기 위해서 평소에 어떤 행동을 하는가?

‣ 자신의 삶의 스토리를 적어보았듯이 동료의 삶의 스토리는
어떤지 말해보라. 얼마나 이야기할 수 있는가? 어떤 느낌이
드는가?

‣ 이를 통해서 당신과 함께 일하는 특정 사람이 삶의 어느
지점에 있는지 설명할 수 있는가?

‣ 당신이 신뢰를 구축하는 프랙티스는 무엇인가?

‣ 당신의 리더 혹은 구성원에 대해서 무엇을 알고 있는가?
무엇을 더 알아야겠는가?

‣ 당신 조직의 리더 그룹은 평소 어떤 프랙티스를 하는가?

‣ 리더 그룹이 전체 구성원에게 얻는 신뢰는 10점 만점에
몇 점이라고 생각하는가? 그 이유를 설명해 보자.

‣ 리더 그룹이 신뢰 점수를 1점 높이기 위해서 프랙티스한다고
가정해 보자. 모임에서 하는 프랙티스의 핵심은 무엇인가?

7

성품으로 동료를 선택하라

소속감이 주는 의미를 인지한다

넷플릭스의 드라마 「빨간 머리 앤Anne of Green Gables」은 캐나다 여성 작가 루시 모드 몽고메리L. M. Montgomery의 1908년 작 소설이 원작이다. 앤의 어린시절 에피소드와 성장 이야기를 담았다. 이 드라마는 잃어버린 감성과 감정을 되찾는 데 도움을 준다. 무미건조한 생활을 하는 직장인들과 워크샵 혹은 짧은 세션을 진행할 때 이 작품을 인용한다. 나는 앤이 커스버트 Cuthbert's 집안의 식구가 되는 장면을 특별히 좋아한다. 앤이 커스버트 집안에 입양되는 것은 하나의 사건이지만 좀 더 심오한 의미가 있기 때문이다.

고아원에서 자란 앤은 가족이 없다. 그런 앤에게 가족이 생긴다는 것은 보통 사람들은 상상할 수 없는 특별한 감동 사건이다. 앤의 가족 선서 장면은 소속감의 깊은 의미와 감동을 명확히 보여준다.

매슈 커스버트와 마릴라 커스버트를
영원히 받아들여 제 가족으로 삼고
두 분의 가족이 될 것을 맹세합니다.

훌륭한 리더는 그 특별한 의미를 알아낸다. 그리고 그것을 사람들이 알 수 있도록 해준다. 앤은 자신의 이름을 커스버트 족보에 서명하면서 눈물을 흘린다. 그러면서 함께 특별한 순간을 만들자고 제안한다. 족보에 서명하는 것만으로 그 벅찬 순간을 보내기는 아쉬웠기 때문이다. 그들은 과실주 한잔을 하며, 심호흡하고, 눈물이 맺힌 눈을 마주하는 순간을 아름답게 누린다. 그렇게 앤은 커스버트 집안의 가족이 된다.

누군가와 관계를 맺는 것 혹은 누군가가 하나의 테두리에 들어온다는 것은 이렇게 특별한 일이다. 어떻게 의미를 부여하는가에 따라 소속감이 주는 의미는 아주 특별해질 수도 하찮아질 수도 있다.

　회사가 새로운 구성원을 받아들이는 채용 프로세스도 같은 관점에서 볼 수 있다. 어떤 성품의 사람을 받아들이는 것이 좋을지, 어떤 역량을 가진 사람을 선택하는 것이 좋을지 신중해야 한다. 새로운 사람을 받아들이는 일은 그냥 우연히 발생한 의미 없는 사건이 아니기 때문이다.

　　　　새 사람을 맞는 것은 특별한 이벤트라는 걸 기억하자.
　　　　　　구성원 모두가 기뻐하면서 기념하고
　　　　　　새 사람과 함께 소속감을 즐길 수 있어야 한다.

　선택된 사람은 그 회사의 일부가 된다. 아픔도 슬픔도 기쁨도 고통도 함께하는 공동체의 일원이 된 것이다. 그런 의미에서 함께할 수 있는 사람을 선택하는 것은 중요하다. 가족은 비슷한 유전자를 물려받아 비슷한 외모와 성품이 나타난다. 조직이나 집단도 자신들만의 유전자가 있다. 그것을 공유하는 사람들이 모이게 될 때 소속감과 공동체성은 높아진다. 훌륭한 리더는 동료를 선택할 때 다양성을 높이 사지만, 그 사람의 근본적 존재인 내면 혹은 성품이 유사한 사람을 선택할 줄 안다.

　한 기업의 사원 채용과 관련해서 도움을 준 적이 있다. 20명

이내의 작은 기업이었는데 구성원을 뽑는 과정에서 부서장과 회사 대표의 의견이 자주 충돌했다.

어떻게 하면 조직의 특성에 적합한 인재를
일관되게 선발할 수 있을까?

작은 기업에서는 한 명 한 명의 역할이 기업의 운명을 좌지우지할 만큼 중요하다. 나는 이 컨설팅에서 성품 중심의 인재 선발 프로세스를 구축하고 그 프로세스를 조직에 내재화하는 것을 지원했다. 사람을 보는 기준에 대한 메시지를 리더들에게 전달하고자 노력했다.

컨설팅 과정에서 2명의 채용을 결정했다. 한 명은 부서장이 반대했던 사람이고, 또 다른 한 명은 대표이사가 반대한 사람 이었지만 가치 중심, 성품 중심의 선발 프로세스에 따라 채용을 제안했다. 그렇게 선발된 두 사람은 입사 후 회사에 잘 적응했고, 조직에 안정감을 주는 역할을 잘 해내고 있다. 바람직한 결과를 위해 인사 채용 담당자는 지원자의 지원서 혹은 면접 태도와 답변을 들을 때 눈에 보이지 않는 역량을 파악하기 위해 노력해야 한다. 채용의 전 과정에서 지원자의 성품이 조직의 정체성과 어울리는지 질문하고, 구체적인 답을 가지려고 노력해야 한다. 채용 프로세스와 평가 점수는 판단을 도와주는 기준이 된다.

사람을 선택하는 기준을 세운다

고학력 고스펙 인재가 넘쳐나는 시대다. 2020년 OECD에 따르면 세계 평균 고등학교 이상 학력 인구는 40% 정도다. 한국은 51%로 세계 평균보다 월등히 높다. 취업 지원자들이 상당한 경험과 스킬을 가진 것을 서류 전형에서도 확인할 수 있다.

그러나 제출된 이력서는 고스펙으로 인해 분별력이 떨어질 때가 많다. 조직개발 코칭을 진행하면서 내린 결론이다. 채용 담당자들은 분별력을 잃어버리고, 여러 지원자 중에서 누구를 선택해야 할지 판단하기 힘들어한다. 이를 극복하는 방법은 없는 걸까? 채용과 관련된 코칭에서 본질적인 질문부터 시작하기로 했다.

어떤 기준으로 사람을 뽑을 것인가?

리더는 자신의 사람 선택 기준을 살펴보아야 한다. 채용 대상자의 스펙만 본다면, 이미 사람을 기능적인 존재로만 인식하고 있다는 방증이다. 스펙은 기능적인 부분을 의미하는데, 이

기준을 전적으로 적용하여 판단한다면 사람의 능력을 대체할 수 있는 로봇을 고용하는 편이 나을 수 있다.

하지만 훌륭한 리더는 스펙이 전부가 아니라는 것을 안다. 성품이 스펙보다 조직의 정체성을 강화하고 확장하는 데 더 중요한 기준이라는 걸 안다. 위키피디아에서 역량Competence을 찾아보자.

업무의 퍼포먼스 혹은 효율성을
높이거나 가능하게 하는 특성 혹은 스킬의 집합체.

글로벌 기업들이 스펙이나 지성Intellignce만이 아닌 역량 기반의 인사 제도를 운용한다는 것은 이미 알려진 사실이다. 사실 역량 기반 경영은 인사 제도뿐만 아니라 조직의 경쟁력 강화를 위해서 이미 다양한 기업에서 전사적으로 인재 관리에 적용하고 있다.

이를 역량 기반 경영Comptence-based management이라고 한다. 직무마다 어떤 역량이 필요한지, 즉 행동으로 나타나는 성품과 전문가적 스킬에 관해 자세히 서술하는 핵심 역량Core Compentency 기준을 제시한다. 역량에 기반을 둔 인재 경영은 성품을 포괄하는 개념이다.

일할 사람을 뽑는 첫 단계에서부터 스펙의 역할은 일부일 뿐이다. 존재와 존재가 하나의 조직 안에서 연결된다는 좀 더 넓은 의미로 이해할 필요가 있다. 무엇보다 요즘은 혼자서 프로젝트를 수행하는 일이 흔하지 않다. 조직 내의 다른 부서 혹은 다른 전문가들과 협업으로 문제를 해결해야 하는 경우가 많다. 보이지 않는 역량이 훨씬 중요해진 이유다. 고도의 기술력이 필요한 직군이 아니라면 80%가 성품이고 나머지 20%가 기술적인 부분이라고 본다. 물론, 회사마다 가중치가 다를 수 있다.

리더는 선발 기준으로 성품을 스펙보다 우선해야 한다. 그리고 회사의 미션, 비전, 가치에 공감하고, 조직의 정체성과 함께할 수 있는 사람을 선택한다. 이것은 채용에 앞서 조직이 어떤 가치와 목적을 지향하는가에 대한 분명한 기준이 있어야 한다는 점을 시사한다. 그래서 조직의 정체성과 자기 인식을 먼저 정리할 필요가 있다. 이 작업을 함으로써 채용에 대한 기준을 세우고, 일관성을 유지해낼 가능성이 커진다.

신중하게 채용한다

회사의 리더가 사람을 어떤 기준으로 뽑는가는 구성원에게서 주로 무엇을 보는가와 직결된다. 사람을 선택하는 기준에 조금 더 쉽게 접근하기 위해서 다음 질문을 던져보자.

리더로서 어떤 관점에서 사람을 바라보는가?

초기 창업 기업은 직무에 관한 기술 명세서가 제대로 준비되어 있지 않은 경우가 많다. 인터넷 자료에 의존하고 다른 회사의 채용 공고 내용을 복사하여 사용하기도 한다. 숙련되지 않은 인사 담당자들은 임원들의 지시대로 구인 공고를 내기는 하지만, 정확히 어떤 사람을 찾아야 하는지 잘 모른다. 그러니 공고 내용에서 명확한 기준을 제시하지 못할 수도 있다.

더 큰 문제는 리더들조차 자신들이 필요로 하는 사람이 누구인지를 명확히 하지 못하는 경우다.

어렴풋이 기대하는 바나 어떤 능력을 소유한 사람이 있어야 한다는 정도로 사람을 찾는다. 시간도 부족하고 직무 기술에 대해서 상세히 생각할 틈도 없으니 모든 것이 정신없이 돌아간다. 누군가를 뽑기 전에 성찰하는 시간을 들이기보다 빨리 누구든 만나서 이야기해 보면 결이 잘 맞는 사람이 나타날 것이라고 희망한다.

민주적 방법으로 채용하기 위해 임원 몇 명과 팀장들이 들어가서 면접관으로 인터뷰를 하고 다수결로 의견을 취합한다. 이런 절차와 상관없이 대표이사의 마음에 따라 결정이 내려지기도 한다. 정확히 누구를 뽑아야 하는지 알지 못한 채 고용이 급하니 허겁지겁 진행하고 가장 마음에 들고 일을 잘할 것 같은 사람을 채용한다. 많은 기업이 그렇게 새 구성원을 선택한다. 이것이 의미하는 바는 무엇인가?

누군가를 채용한다는 것은 사람을 선택하는 일이다. 책임지고 그 선택한 사람과 함께한다는 약속을 의미한다. 서로 신뢰하고 협력할 새 가족을 들이는 일이다. 서로를 돕고, 위해주고, 아껴주고, 격려하는 그런 관계를 만들겠다는 다짐을 나누는 것이다. 관심을 두고 성장을 지원할 사람을, 앞으로 가장 많은 시간을 함께 보낼 누군가를, 자신의 인생의 중요한 부분을 차지할 사람을 선택한다는 것이다.

"어떻게 채용하는가?", "어떤 기준으로 채용하는가?" 같은 기술적인 논의를 하기에 앞서 리더는 누군가를 선택한다는 것이 어떤 의미인지 이 열린 질문에 대해 먼저 생각해야 한다. 자신의 삶 일부와 관련되기에 리더는 아무나 선택하지 않아야 한다. 훌륭한 리더는 사람의 위대함과 그 영향력을 알고 있기에 업무적인 능력만을 보지는 않는다. 한 사람의 사상과 가치를 근본이라고 생각하고 신경 써서 본다. 리더는 사람을 선택할 때, 자질과 성품에 주목한다.

존경받는 리더는 사람을 선택하는 일을 진지하게 생각하고, 가볍게 여기지 않는다. 한 사람이 성공적으로 정착하는 행운은 특별한 사람에게 주어야 한다. 평생 많은 사람을 만나지만 특별한 순간에 특별한 활동을 함께하는 누군가를 선택하는 것은 서로에게 매우 특별한 일이다. 선택된 사람은 소속감을 귀하게 여기고, 자신의 조직에 소속감을 느낄 수 있어야 한다. 인생에서 열 손가락 안에 드는 중요한 선택이라는 것을 인지해야 한다.

인생에서 가장 중요한 선택은 배우자를 선택하는 일이다. 평생을 함께하는 동반자이기 때문이다. 누군가의 동료가 된다는 것은 의미는 조금 다르지만, 배우자만큼은 아니어도 굉장히 특별한 일임은 분명하다. 가족이 특별한 것처럼 회사의 팀 혹은 부서에 소속되는 것도 특별한 일이다. 이를 깨닫는다면 어떤 사람을 뽑아야 하는가의 기준이 조금 더 명확해진다.

함께 채용 절차를 구축하고 훈련한다

조직이 중요하게 여기는 특별한 자질은 사람을 보는 기준에서 분명히 존재한다. 직무가 요구하는 자질이 있다. 조직의 융합이나 협업 역량, 재능 혹은 기술적 역량 등이 될 수 있다.

미국에서 한 컨설팅 회사 입사를 위해 다층 면접을 보았을 때 일이다. 먼저 실기 전형이다. 논리력과 수학적 사고를 테스트하기 위한 시험이었다. 계산기를 사용할 수 있어서 큰 어려움 없이 시간 내에 문제를 풀었다. 실기 전형을 통과한 후, 팀의 리더와 1:1 대화 시간이 주어졌다. 지금 생각해 보니 이 시간이 리더와의 교감 능력을 평가하는 시간이었다. 이것 또한 이 회사의 선택 기준이었다고 본다.

그다음은 좀 더 특이한 형태의 면접이었다. 동료가 될 사람들과 점심을 같이하면서 이야기를 나누었다. 면접에서 점심을 같이하는 것은 처음 겪는 경험이었다. 그런 과정을 거쳤지만, 입사 제안은 받지 못했다.

보통 채용에서 떨어지면 낙담하거나 자신의 부족함을 질책한다. "내가 어디서 잘못한 것인가?", "나의 지적 능력이 부족한 것인가?" 아니면 "내가 부적절한 행동을 했는가?" 속으로 끊임없이 묻는다. 하지만 이에 대한 답은 모두 "그렇지 않다."이다.

당신이 잘못한 것은 없다.
다만 당신이 그 조직 혹은 그 회사와
맞지 않는 사람일 뿐이다.

그것은 우열에 대한 문제가 아니다. 단지 다름과 관련된 것이다. 앞서 보았듯이 우리가 어떤 조직에 소속한다는 것은 마치 가족을 선택하는 것과 같아서 "함께 공동의 목표를 달성할 사람으로 맞이해도 되는가?"라는 기준에 따라 선택한다. 내가 경험했던 심층 면접처럼 앞으로 회사는 함께할 수 있는 사람을 고르는 것으로 채용하는 기준을 바꿔야 한다고 믿는다.

여기에서 배운 점이 몇 가지 있다. 이 회사는 사람을 뽑을 때 면접을 아주 신중하게 그리고 천천히 진행했다. 리더뿐만 아니라 동료들도 자신들의 시간을 투자했다. 식사 비용을 지출하면서까지 인터뷰 대상자의 많은 면을 파악하려고 노력했다. 구성원들, 즉 실무자들이 지원자를 어떻게 평가하는지도 중요하게 여겼다.

식사 비용은 훌륭한 지원자를 선발할 때 얻는 이득에 비하면 크지 않다는 것을 이 회사는 알고 있었다. 리더와의 미팅 그리고 동료와의 점심에서 그들이 파악하고자 했던 건 무엇이었을까? 단순히 능력만이 아니라 그 사람의 생각, 태도, 말투, 사용하는 단어, 행동 등 얻을 수 있는 모든 정보를 사용했다. 지원자는 누구이며 조직에 시너지를 만들어낼 사람인지를 판단했다.

이러한 과정에 참여하는 모든 구성원은 사람 보는 눈을 키울 기회를 얻고, 누구와 함께할 것인지 의사결정에도 참여한다. 채용의 기본 철학이 있다면 어떤 리더든지 그 철학에 맞는 채용 문화를 구축할 수 있다는 것이다. 나는 코칭하는 회사를 위해 먼저 성품 중심 가이드라인 기준을 서류 전형에서 준비했다. 지원자의 이력을 검토하고 보수적으로 적합한 서류만 걸러내는 단계를 우선 실행했다. 물론 회사의 경영 철학과 관련된 가이드를 적어두고 판단했다.

다음은 서류 전형에서 지원자를 판단하는 기준표이다. 표에서 말하는 핵심 자격. 핵심 역량은 선발하고자 하는 직무에서 성과 달성을 위해 요구되는 조건들이다. 회사 가치는 회사의 경영 철학과 연결된다.

	지원자 A	지원자 B	지원자 C	지원자 D
핵심 자격	A	B	B	C
핵심 역량	A	A	D	B
회사 가치	D	A	C	A

가이드라인을 수립하고 나면, 지원자가 작성한 내용을 주의 깊게 관찰하는 것으로 지원자의 존재에 대해 파악할 수 있다. 지원서에서 지원자의 가치와 역량의 많은 부분이 드러난다. 회

사의 기준과 맞는지 판단하고 아니라면 왜 아닌지 적어둔다. 이 과정을 통해 서류 전형 단계에서 누구를 선택할지 결정할 수 있다. 이렇게 전인적 역량 중심의 채용 프로세스는 지원자의 변별력을 높인다. 다른 말로 하면 면접을 많이 보고 많은 시간을 투자한다고 해서 회사에 적절한 사람을 뽑을 수 있는 것이 아니라는 거다. 어떤 기준으로 지원자를 평가하느냐 하는 점이 중요하다.

서류 전형 이후에는 화상으로 1차 인터뷰를 진행한다. 요즘은 범유행 병으로 인해서 화상 면접이 흔하지만, 이전에는 화상 면접에 대한 편견이 많았다. 보통 직접 봐야 상대방을 알 수 있다고 생각하기 때문이다. 하지만 화상으로 진행하면 불필요하게 낭비되는 시간을 절약할 수 있다. 지원자도 시간과 비용을 아낄 수 있어서 좋다. 다만 화상 면접도 많은 준비가 필요하다. 컴퓨터 화면이라는 제한이 있기 때문이다. 채용 담당자는 화상 면접을 어떻게 부드럽게 진행할지 미리 내용을 확인해야 한다. 이를 위해 인사 채용 담당자가 면접 실무자에게 질문 프로세스를 알려주고, 미리 연습할 것을 권한다.

화상 면접을 진행해 보지 않은 면접 실무자가 있다면 어떤 표정과 태도로 임해야 하는지 교육하고, 면접 이후 어떤 식으로 응대할지도 정해두어야 한다. 화상 면접을 할 때 이러한 작은 절차를 가볍게 여기면 예정된 시간을 초과하거나 집중해야 할 본질을 놓칠 수 있다.

최종 단계의 지원자들에게는 케이스 면접을 진행한다. 케이스는 회사 내부에 존재하는 실제 사례로 한다. 발표 시간은 10분 정도로 하고 면접관이 할 질문을 미리 준비한다. 케이스 면접은 지원자의 소통 역량, 전문성, 창의성을 파악할 수 있는 중요한 절차다. 입사 열정이 강렬한 지원자만 케이스 면접에 참여하게 한다.

케이스 면접에는 큰 노력이 필요하다. 모든 질문에 의도를 담아 진행해야 한다. 질문은 회사의 정체성과 조직 문화를 토대로 준비한다. 케이스 면접은 핵심 역량을 파악할 수 있는 면접관에게 맡긴다. 매 단계에 어떤 질문을 하는지가 중요하다. 각 질문의 기대 답변을 미리 준비해 점수화하는 것도 좋은 방식이다. 질문만 준비하고, 답변 판단은 각 면접관이 알아서 하면 주관적인 감정과 느낌으로 점수를 매기게 되어 정확한 판단이 어렵다. 근거를 토대로 객관화해야 제대로 된 판단이 가능하다. 점수화하지 않으면 결국에 인상이 좋았던 사람이나 소위 말을 잘하는 사람이 높은 점수를 받게 되는 오류를 범하기 쉽다. 점수를 줄 때는 각 질문의 본질에 집중하여 지원자를 평가하도록 노력한다.

케이스 면접의 기술적 역량 파악						
기술 역량 1. 목표 달성을 위한 비즈니스 전문성						
전문 분야 (HR 매니저)	프레젠테이션 내용이 회사 가치와 본인의 직무에 합당한가?	1	2	3	4	5
	가치와 활동 내용의 연결성이 제시되었는가?	1	2	3	4	5
	가치에 대한 해석이 회사와 부합하는가?	1	2	3	4	5
	인적자원 관리 시스템에 대한 전체적인 이해를 가지고 있는가?	1	2	3	4	5
	경우에 합당한 말을 하고 치우침이 없는가?	1	2	3	4	5
	발표 자료의 프레젠테이션 표현력이 단순 명료한가?	1	2	3	4	5
	명확화를 위한 질문을 하며 문제를 구체화하여 접근하는가?	1	2	3	4	5
	점수					
기술 역량 2. 프로세스 혁신성						
프로세스 혁신& 개발	복합적인 업무를 단순화하여 단계별로 파악하는가?	1	2	3	4	5
	현재 프로세스의 문제점 또는 예상 문제점을 지적하고 그것을 해결하기 위해서 대안을 제시하는가?	1	2	3	4	5
	목표를 달성하기 위한 창의적이고 잠재력이 있는 방법을 제시하는가?	1	2	3	4	5
	점수					
기술 역량 3. 협업 기술						
협업	발표 내용의 표현력이 구체적이고 명확하며 활동 가능한 수준인가?	1	2	3	4	5
	자신의 책임과 업무의 범위가 명확한가?	1	2	3	4	5
	리더 및 구성원의 이해관계와 의향을 파악하는가?	1	2	3	4	5
	점수					
기술 역량 4. 생산성						
생산성	시간의 제약을 인지하고 계획을 제시하는가?	1	2	3	4	5
	목표를 세분화하여 핵심 성공 요인을 제시하여 단계별로 밟아 나가는가?	1	2	3	4	5
	전사적 목표와 개인적 업무에 일관성이 있는가?	1	2	3	4	5
	점수					

여기서 주의할 것은 다수결에 따른 최종 결정이 좋은 방식은 아니라는 점이다. 기본적으로 모든 면접관의 의견을 존중하는 것은 중요하다. 면접에 참여한 모두의 의견을 취합하고 통합하면 지원자에 관한 입체적인 이해를 할 수 있기 때문이다.

하지만 사람의 심리는 권위자나 다수 의견에 쉽게 따르기 마련이라 잘못된 선택이 발생할 수도 있다. 훌륭한 리더는 조직의 가치를 바탕으로 사람을 객관적으로 판단할 수 있어야 한다. 조직의 가치와 맞는 바른 판단이라면 소수의 의견이라도 우선할 수 있다. 다수의 의견을 뒤집을 수 있다. 대표이사의 개인 의견에 따라서 결정할 때도 많다. 문제는 대표이사라도 전인적 역량 기반으로 사람을 판단하지 않을 수도 있다는 점이다. 그런 리더라면 조직 전체가 어려움을 겪게 된다.

내가 컨설팅했던 회사도 그랬다. 같은 문제가 계속 발생했다. 문제 해결을 적극적으로 하기 위해 면접에 참여했다. 면접 프로세스로 회사가 원하는 사람을 뽑을 수 있게 도왔다. 선택을 다수의 의견이나 권위자의 의견에만 맡기면 안 되는 이유다.

회사의 핵심 가치를 이해하고,
그 위치에 어떤 역량이 필요한지 명확히 아는
사람의 의견이 중요하다.

새로운 구성원을 선택하는 일은 조직 전체에 변화를 가져올 수 있다. 제대로 된 한 사람을 영입하는 일이 그 조직을 살리기도 하고 죽이기도 한다는 사실을 명심하자.

사람을 선택하는 올바른 방법을 다시 정리한다. 첫째, 지원자의 존재를 파악하여 조직 문화와 결이 맞는지 살펴본다. 둘째, 그 사람의 역량을 확인한다.

안타깝게도 많은 회사가 여전히 스펙 위주로 선발한다. 훌륭한 리더라면 그것이 존재의 복잡한 면을 보지 못하는 단순한 선택이라는 것을 안다. 스펙은 손에 쥔 도구일 뿐 그 사람 자체는 아니다. 스펙은 비교적 적은 투자로 입사 후에도 키울 수 있다. 근면하고 태도가 바른 사람이라면 시간과 여건을 투자하여 기술을 빠르게 배우게 할 수도 있다. 하지만 근면과 태도 같은 사람의 성품과 내면의 보이지 않는 역량은 회사가 쉽게 얻을 수 없는 것들이다.

프랙티스를 위한 질문 7

‣ 당신은 가족 외에 어디에서 가장 큰 소속감을 느끼는가?
그 이유는 무엇인가?

‣ 소속감은 누구나 누릴 수 있는 것인가? 소속감은 어떤
감동을 줄 수 있는가?

‣ 당신의 조직은 새로운 구성원과 기존 구성원에게 강력한
소속감을 주는가? 이를 만들어내는 요소는 무엇인가?

‣ 새로운 사람에게 강력한 소속감을 주기 위해서 당신과
동료는 어떤 실천 프로세스를 구축하겠는가?

‣ 리더로서 당신은 어떤 기준으로 구성원을 선택하는가?

‣ 당신의 조직이 새로운 구성원을 선택하는 것을 어떻게
인식하는지 설명할 수 있는가?

‣ 당신은 새로운 구성원을 선택할 때 얼마나 신중한가?
당신의 조직은 그러한 신중한 선택을 어떻게 진행하는가?

‣ 당신의 조직이 면접에서 하는 질문은 어떤 질문인가?
그것은 지원자의 어떤 점을 파악하는 질문인가?

‣ 면접 지원자의 핵심 가치와 비전을 파악하기 위해 당신은
어떤 질문을 하겠는가?

Part 3

리더는 행동을 돕는다

8

우리의 행동은 곧 문화이다

성품 중심의 소통 문화를 지지한다

데보라 로벅Deborah B. Roebuck은 소통에 대해 "커뮤니케이션은 조직에 생명을 주는 혈액과 같다."라고 했다. 커뮤니케이션의 대가다운 정의다. 존 맥스웰John C. Maxwell은 "리더란 사람들에게 영향력을 주는 사람이다."라고 했다. 이 영향력이란 결국 사람과 사람을 이어주고, 그 관계가 살아서 생명력을 갖는다고 본다. 커뮤니케이션이 그런 역할을 담당하게 된다.

관계 문제는 대부분 커뮤니케이션에서 발생한다. 많은 오해와 갈등이 커뮤니케이션으로 인해 생기기 때문이다. 기업의 수 많은 리더는 자신의 사람들이 어떻게 하면 일을 더 잘하고 생산성을 높일 수 있을지 고민한다. 동기부여를 하기 위해 다양한 시도를 한다. 구성원들을 잘 이끌어가는 사람은 대단한 능력을 갖췄다고 할 수 있는데, 이는 커뮤니케이션 역량에서 기인한다.

훌륭한 리더는 커뮤니케이션이라는 도구를 잘 활용하는 사람이다. 다른 사람들이 어떻게 해주기를 바라는 수동적인 리더가 아니라 다른 사람을 위해 먼저 커뮤니케이션하여 그들을 섬기는 사람이다. 이런 리더가 속한 팀은 소통이라는 윤활유가 잘 뿌려져 있어서 마찰이 줄고, 일을 매끄럽게 처리하면서 전진할 수 있다.

존경받는 리더가 갖추어야 할 커뮤니케이션 역량은 무엇인가? 이 책에서는 존재를 먼저 다뤘다. 존재를 다룬다는 것은 존경받는 리더의 첫 번째 과제이기 때문이다. 커뮤니케이션도 기술적인 이해보다 존재에 관한 이해가 우선이다. 누가 존경받는 리더인가? 자신에 대해 먼저 인식하고 있는 사람 아닐까? 자기를 바르게 인식하고 이해하는 것이 관계의 출발점이기 때문이다.

커뮤니케이션할 때도 자신의 성품을 이해하는 것이 중요하다. 자신을 안다는 것은 자신의 가치관, 신념, 강점, 기술적 역량, 성격 등에 대해 알고자 하는 의도적이고 집중된 노력이다. 조직의 리더를 꿈꿀 때, 반드시 거쳐야 하는 관문이 자신을 명확히 이해하는 일이다. 삶에서 어떤 경험을 했는지, 그것이 어떤 의미가 있었는지, 자신이 어떤 역량을 발휘했고, 어떻게 해결해 왔는지를 알아야 한다. 자신에게 질문과 답변을 하는 행위를 통해 자신이 어떤 사람이고 어떤 강점을 가졌으며 극복해야 할 것이 무엇인지 알게 된다.

미국의 프랜차이즈인 칙필에이Chick-fil-A가 인재를 보는 기준은 성품, 역량 그리고 매력이다. 매력이란 키워드는 조직에 얼마나 잘 맞는지에 대한 의미다. 칙필에이는 3가지 중에서 성품을 가장 우선한다. 이렇게 정한 이유는 회사가 필요로 하는 관리자의 가장 근본적인 요건이 성품이기 때문이다. 성품은 삶의 전반에 걸쳐서 형성된다. 단기간 개발이 쉽지 않다. 칙필에이는 공식 웹사이트에 다음과 같은 커뮤니케이션 원칙을 제시했다.

· 사람들을 그룹으로 대하지 않고 개인으로 대한다.
· 서면과 구두의 방식을 모두 활용한다.
· 내용뿐만 아니라 감정을 꼭 알아준다.
· 핵심을 먼저 명확히 전달하고 확인한다.
· 다양한 소통 방식에 대한 가이드라인을 가진다.

Chick-fil-A 로고타입

우리는 단순히 치킨을 파는 것 이상이어야 합니다.
우리는 고객의 삶과 우리가 봉사하는 지역 사회의
일부가 되어야 합니다.

관찰, 질문, 경청, 피드백의 원칙을 훈련한다

리더는 원활한 커뮤니케이션을 위해 구성원의 행동 방식을 유심히 관찰하는 것부터 시작해야 한다. 구성원을 관찰할 때는 특정한 관점을 가지는 것이 중요하다. 관점이 없다면 아무런 기준 없이 관찰하는 것이어서 새로운 발견이 있을 수 없다.

다음 기준에 따라 구성원들을 관찰하기 시작하면, 몰랐던 점들이 보이기 시작한다.

이 구성원이 가진 강점은 무엇인가?

어떤 업무 환경에서 가장 퍼포먼스가 높은가?

어떤 욕구가 있는가?

욕구 충족이 안 되면 어떤 스트레스 행동을 보이는가?

관찰을 하면서 얻어지는 정보도 있지만 팀원들에게 질문을 해야 할 때가 있다. 이때 질문은 위에서 언급한 기준에 답변하기 위한 보조적인 방법으로 활용한다. 개인적으로 질문할 수도 있지만, 전체가 모여서 운영 회의를 하거나 구성원들과 말할 기회가 있을 때, 미리 정한 기준에 따라 판단하면 구성원에 대한 이해의 폭을 더 넓힐 수 있다.

경우에 따라 직접적인 질문을 던질 수도 있다. 예를 들어 팀원들의 내재된 욕구가 잘 파악되지 않는다면 소통, 보상, 업무 스케줄, 성과를 내는 방식 등에 대해서 직접적으로 질문한다. 이렇게 질문하면서 얻어지는 답변들을 서기는 최대한 잘 정리한다.

경청은 소통 문화를 위한 리더의 기본 자질이다. 하지만 이 자질을 완전히 습득한 리더는 찾아보기 힘들다. 경청하는 사람은 정신과 몸을 써서 듣는다. 경청하는 리더를 만나보았는가? 경청하는 리더와 이야기할 때는 존중받는다는 느낌을 받는다. 경청은 리더가 가져야 하는 기본적인 태도 중 하나다. 많은 리더가 대화 도중 전화를 받거나 메시지를 주고받는다. 바쁘거나 급하다는 이유다. 주의가 흐트러지면서 신뢰도 같이 흐트러진다. 경청도 프랙티스를 통해 익힐 수 있다.

· 대화 상대의 눈을 응시한다.
· 고개를 끄덕이며 잘 듣고 있다는 표시를 한다.
· "네. 아, 그래요?"처럼 긍정적인 추임새를 넣는다.
· 대화 내용의 핵심을 요약, 이해한 것이 맞는지 묻는다.
· 대화 상대의 감정을 파악해서 공감의 말을 한다.

행동을 변화시키는 것은 어렵다. 커뮤니케이션 원칙을 세워도 여전히 원래 방식대로 행동하기 마련이다. 포기하지 말자. 구성원들과 함께 커뮤니케이션 원칙을 정하자. 리더는 구성원들이 원칙대로 행동할 수 있도록 변화의 과정을 지지하고 응원한다. 직접적인 말로 칭찬하는 것은 기본이고, 다양한 방법의 지지와 응원을 사용한다.

리더는 구성원들에게 커뮤니케이션 원칙을 상기시키면서 정직한 피드백을 할 수 있어야 한다. 칭찬을 다섯 번 할 때 꼭 필요한 피드백은 한 번 정도 하는 것이 좋다. 잦은 피드백은 구성원들을 지치게 한다. 인내를 가지고 하나씩 고쳐나간다는 생각으로 긍정적인 칭찬을 최대한 많이 한다. 그러다 꼭 필요한 피드백을 함으로써 구성원들이 반응하고 행동하도록 지원한다. 피드백은 말로 끝나는 것이 아니라 커뮤니케이션 원칙에 대한 새로운 제안과 실행으로 이어져야 한다.

예를 들어 구성원들이 독립적으로 일하기를 원한다면 어떤 경우에 협업해야 하는지 그 시간과 방법에 대해서 원칙을 세울 수 있다. 혹은 독립적으로 일하기 위해서 어떤 점들을 명확히 소통해야 하는지 기준을 세울 수도 있다. 만일 구성원들이 자주 소통하는 것을 원한다면, 매일 짧게나마 소통하는 시간을 갖는 운영 원칙을 세울 수 있다.

어떤 영역이든 최고의 퍼포먼스를 내기 위해 구체적인 행동을 지시하는 커뮤니케이션 원칙을 제안해야 한다. 원칙을 세우는 과정은 끊임없는 변화의 사이클이다. 같을 수가 없다. 얼마나 많은 피드백이 오고 갈지는 리더의 역할과 노력에 달려있다. 그 결과물은 변화된 구성원이고 최고의 퍼포먼스를 내는 구성원이 된다.

일하는 방식을 관리한다

'문화'의 의미는 매우 광범위하지만, 나는 행동 양식으로 정의하고 싶다. 이를테면 구성원들의 행동은 조직 문화를 대표한다. 이를 기준 삼으면, 행동심리학에서 주장하는 특정 행동 요인에 대한 객관적 파악을 할 수 있다. 인지심리학에서는 인간의 사고 과정에 집중한다. 외적인 자극이 주어질 때 그것을 어떻게 해석하는지 그 과정에 관한 연구다. 인지심리학에서는 사람마다 고유한 가치 체계와 인식의 틀에 집중한다. 같은 현상이라도 생각이 다르고, 행동이 다를 수 있다고 규정한다.

행동주의든 인지주의든 결국 인간 행동에 대한 이해는 인간 존재에 대한 논의와 연결된다. 이 논점을 바탕으로 강력한 조직 문화 구축 프로세스에 대해서 알아보자.

조직 문화의 핵심에 거버넌스Governance가 있다고 생각한다. 위키피디아의 정의에 따르면 거버넌스는 사회가 통치되는 방식이다. 통치를 위해서는 문제를 다루는 의사결정 프로세스가 있어야 한다. 그 시스템 자체가 거버넌스다. 조금 더 쉽게 설명하자면, 한 조직이나 그룹을 운영하는 시스템 환경 그 자체가 거버넌스다. 컴퓨터에는 운영 체계가 있는데, 사용자는 그 운영 체계의 프로세스와 규칙에 따라 작업한다. 한 조직을 운영하는 체계도 거버넌스다.

조직 문화를 다룰 때 거버넌스를 생각해야 하는 이유는 조직이 이상적으로 생각하는 문화를 구축하기 위해서다. 사람들이 행동하는 시스템 또는 체계가 있으면, 그 체계 안에서 선택하고 움직일 수 있다. 체계가 없다면, 각자 다른 기준으로 행동하는 혼란스러운 상황이 발생한다. 거버넌스를 다룬다는 것은 무엇일까? 거버넌스 개념을 바탕으로 실제적 적용을 위한 가이드를 살펴보자.

거버넌스에 신경을 쓴다는 것은 '일하는 방식'에 집중하는 것이다. '일하는 방식'을 구축하기 위해서 시간과 공간을 사용한다는 의미다. 마이클 거버Michael E. Gerber는 자신의 저서『E 신화E-Myth Mastery』에서 많은 기업가가 일 자체에 에너지를 쏟아붓고 있지만, 정작 일하는 방식의 체계를 갖추는 데는 신경 쓰지 않는다고 비판한다. 거버넌스를 다룬다는 것은 시스템과 체계를 구축하기 위해 노력하는 것이다. 일을 해결함으로써 얻는 단기적이고 가시적인 성과는 아니지만, 장기적으로는 효율적이고 생산적이며 지속 가능한 비즈니스를 만드는 기반이 된다.

거버넌스 구축은 일차적으로 리더의 일하는 태도와 관련 있다. 즉, 리더는 끊임없이 일하는 체계 혹은 방식에서 어떤 점을 개선할지 의문을 가져야 한다. 개선한다는 것은 같은 문제가 발생하지 않는지 묻는 것이다. 이 질문을 반복함으로써 동일한 문제의 재발을 막아 전체 시스템이 개선된다.

또 어떻게 같은 사안을 가장 효율적으로 처리할 수 있는지도 묻는다. 같은 업무에서 시간을 절약하는 방법, 같은 시간으로 더 나은 결과가 도출하는 방법 등을 따진다.

문제를 바라보는 관점을 다르게 하는 것도 필요하다. '문제'라는 인식보다는 일종의 '긴장' 혹은 '불편' 정도로 관점을 달리하면 어떨까?

브라이언 로버트슨Brian J. Robertson은 그의 저서 『홀라크라시Holacracy』에서 거버넌스를 바꿀 때 사용하는 용어를 바꿔보라고 한다. '문제'라고 지적하면 듣기만 해도 답답하고 피하고 싶다. 하지만 '긴장' 혹은 '불편'이라고 표현하면 풀고 싶은 욕구를 줄 수 있다. 용어만 다르게 사용해도 '긴장' 혹은 '불편'을 풀어서 효율적인 조직 문화를 구축할 수 있다.

관점과 태도를 전환했다면, 이제 명확한 기술로 거버넌스의 변화를 추진할 수 있다. 거버넌스는 전체 시스템을 지속적이고 효율적으로 운영하면서 효과적인 목표 달성을 지향한다. 출발점은 조직 내부의 개인이 최고의 생산성을 내면서 일할 수 있는 환경이다. 이때 개인의 역할에 대한 명확한 이해가 필요하다. 조직 안에서 누가 어떤 일을 해야 하는지 충분히 논의한다. 각각의 개인이 어떤 일을 해야 하고, 무엇을 성취할 때 시스템이 잘 돌아갈 수 있는지 분명하게 기술한다.

조직이 만들어내는 상품과 서비스는 시간이 지나면서 확장되고 변화하기 때문에 역할 또한 계속해서 변화한다. 그 때문에 리더는 자신의 역할은 물론 관리하는 구성원들의 역할에 대해서 끊임없이 개선하는 활동을 해야 한다. 이를 통해 구성원들이 시간과 노력을 낭비하지 않고, 조직의 방향과 일관된 업무를 하도록 지원한다.

역할 부여도 구성원에게 적합한 역할 부여를 위한 3단계

조직이 만들어내는 상품과 서비스를 위해 다양한 역할이 존재한다. 그 역할을 명확히 하는 일이 우선이다. 다음으로 해낼 수 있는 사람에게 역할을 부여한다. 때로는 한 사람이 여러 역할을 맡을 경우가 생긴다. 역할에 대한 이해가 분명할 때 사람들 사이에 마찰이 줄고 갈등이 줄어든다.

역할의 책무를 확실히 하는 일은 리더가 먼저 시작해야 한다. 역할에 관한 기술이 명료할수록 애매한 일이 줄어든다. 효율성의 측면에서도 매우 중요하다. 완벽한 역할 기술서는 한 번에 만들어지지 않는다. 시간이 지날수록 모호함이 줄어드는 과정을 거친다.

『홀라크라시』에서는 다음과 같은 이슈를 거버넌스에서 다룰 수 있다고 제시한다.

· 역할의 책무, 권한, 보상에 대한 논의
· 역할 혼선을 해결하고자 하는 논의
· 새로운 역할을 만드는 것에 대한 논의
· 필요 없는 역할을 제거하는 것에 관한 논의
· 전사적으로 반복되는 긴장에 대한 처리
· 일에 비효율성을 만드는 긴장에 대한 처리
· 조직이 창출하는 가치와 성과에 관한 논의
· 조직의 장기적 미션, 비전, 핵심 가치에 관한 논의
· 조직의 단기적인 성과와 목표에 관한 논의
· 조직의 재무 상황에 관한 공유 및 논의

거버넌스가 전체 시스템의 일하는 방식과 관련이 있다면, 운

영 원칙은 전체 시스템의 하위 그룹 내 운영 기준을 말한다. 조직의 하위 그룹은 각기 다른 업무 특성을 갖는다. 마케팅 팀과 R&D 팀의 업무 특성을 비교해 보자. R&D 팀은 굉장한 집중력을 요하는 업무를 한다. 당장 눈에 보이는 성과를 내지 못할 수도 있다. 하지만 조직의 경쟁력을 위해 장기적으로 투자가 필요한 필수적인 팀이다. 마케팅 팀은 고객의 니즈를 즉각 파악하고 업무에 반영하여 판매로 이어지게 해야 한다. 이처럼 업무 특성이 다르기 때문에 포지션에 따라 운영 원칙도 달라야 한다. 조직 내의 모든 하위 그룹들이 동일한 운영 기준을 갖는다면 그 안에서 비효율성이 생기기 마련이다.

리더는 다양한 팀이 가진 특성을 이해하고 유연하게 대처해야 한다. 한국은 평등을 강조하는 문화다. 그렇다고 모든 구성원의 일하는 환경이 같아야 하는 것은 아니다. 오히려 동일한 환경에서 업무의 비효율성이 발생할 수 있다. 운영 원칙을 다루는 것은 팀마다 자신들이 최고의 퍼포먼스를 내는 기준을 세우는 것이다. 근무하는 시간, 보상의 기준, 성과의 기준, 몰입을 높이는 기준, 휴식을 취하는 기준, 회식을 계획하는 기준 등모든 것을 말한다. 각 팀이 최고의 퍼포먼스를 내기 위해서는일하는 환경이 달라야 하고 일하는 환경의 중심에는 팀 운영기준이 존재한다. 다음은 구체적으로 각 팀이 다루어야 하는 기준의 예시다.

- 출퇴근 시간의 기준
- 점심시간의 기준
- 업무 태도의 기준
- 성과의 기준
- 보상의 기준
- 재택근무의 기준
- 회식의 기준
- 휴식을 취하는 태도의 기준
- 몰입을 높이기 위한 기준
- 협업하는 기준

그러면 운영 원칙은 어떻게 다루어야 할까? 운영 원칙이란 무엇을 다루는 걸까? 보통 내규라는 용어를 사용한다. '내규'라는 용어에는 속박이나 자유를 빼앗는 부정적인 이미지가 있다. 이런 원칙으로 인해 회사 생활이 딱딱하고 편하지 않다. 하지만 원칙이 없다면 어떤 일이 일어날까? 어떻게 행동해야 할지 혹은 어떤 일을 어떻게 처리해야 할지 갈피를 잡지 못한다.

원칙 덕분에 불필요한 회의나 논쟁을 피할 수 있다. 사전에 구성원 간에 합의된 기준이 원칙이라고 볼 때, 원칙이 있으면 작은 일이든 큰일이든 매번 협의하지 않아도 된다. 또한 어떻게 행동해야 할지 구성원 스스로 판단할 수 있다. 원칙 덕분에 우리는 좀 더 편하고 자유롭다.

운영 원칙을 '어떻게 세우느냐'에 따라 비효율성이 극대화될 수도 있다. 예를 들어 야근을 하지 않는 구성원에 대해 벌칙을 주는 R&D 부서가 있다고 가정해 보자. 낮에 열심히 일한 사람은 체력이 바닥이 난 상태에서 강제로 야근에 시달린다. 밤에 제대로 쉬지 못하니 낮 근무 시간의 생산성이 떨어진다. 무조건 야근해야 한다는 잘못된 신념을 가진 회사는 모든 구성원이 낮은 생산성에 이바지하게 만든다.

운영 원칙은 구성원들의 행동 방식과 관련이 있다. 리더는 생산성을 향상할 수 있는 행동 방식이 무엇인지 관찰하고 지속적으로 조정한다. 조정자의 역할은 일을 잘할 수 있는 환경을 만들고 구성원들을 섬기는 역할이다. 리더가 이러한 역할을 하지 않고 일의 결과만을 요구한다면 팀의 생산성은 전반적으로 낮아진다. 조직 문화가 없는 팀에서 일해본 사람은 안다. 조직 문화 창조자로서의 역할을 리더가 하지 않을 때, 일하기 싫은 문화가 만들어진다는 것을.

리더는 운영 원칙을 세우기 위해 어떻게 행동해야 할까? 운영 원칙이 실행되기 위해서는 우선 자신을 도와줄 수 있는 충직하고 성실하며 체계성이 높은 팀원을 서기로 섭외해야 한다. 조직 문화를 만들기 위해서는 끊임없이 아이디어를 정리해야 하기 때문이다. 서기의 역할은 리더가 진행하는 절차에 대한 내용을 기록하고 정리하고 공유하고 업데이트하는 일이다. 정보를 데이터화하고 이를 저장하는 역할이라고도 볼 수 있다. 서기는 팀 안에서만 활동하기도 하지만 그 내용을 다른 팀원 또는 상위 리더들과 공유하기도 하는 존재다.

운영 원칙을 세우고, 원칙대로 팀원이 행동하도록 변화를 지지하는 일은 리더 혼자서 감당할 수 없다. 이를 수호하고 정착하는 데에 선봉장이 될 소수의 구성원이 필요하다.

프랙티스를 위한 질문 8

‣ 성품 중심의 소통 문화는 사람들을 어떻게 대하는 것인가?

‣ 성품 중심의 조직 문화는 성과 중심의 문화와 어떻게
다른가?

‣ 구성원의 무엇을 알기 위해서 의사소통을 하는가?
그 방식은 이번 장에 비추어 볼 때 어떤 유사점 혹은
차이점이 있는가?

‣ 관찰, 질문, 경청, 피드백의 프랙티스로 구성원들을
대하고 있는가? 잘하고 있는 영역과 그렇지 않은 영역은
무엇인가?

‣ 현재 조직의 일하는 방식에 대한 프랙티스를 묘사하라.
지금의 방식으로 충분한가?

‣ 생산성을 높이기 위해 어떤 부분을 개선하고자 하는가?

‣ 조직의 구성원들은 운영 원칙에 대해서 얼마나 이해하고
있는가?

‣ 모든 구성원이 일하는 방식과 운영 원칙 수립에 이바지하기
위해서 리더는 어떤 프랙티스를 할 수 있는가?

9

좌우 열 맞추어 전진한다

목적과 목표를 보여준다

보스톤 찰스강에서는 매년 10월 '헤드오브 더 찰스레게타Head of the Charles Regatta'라는 전통 보트 경주 대회가 열린다. 1965년부터 열린 이 대회는 보트 대회 중 세계에서 가장 큰 규모이다. 1만 명이 넘는 선수가 1천 6백 개의 보트를 타고 경주한다. 이 대회 때문에 매년 20만 명 이상의 관광객이 지역을 방문한다. 대회를 지켜보면 팀원들의 협동이 배의 속도와 직결되는 것을 알 수 있다.

키잡이Coxswain는 배의 머리에서 선수들을 바라보고 앉는 사람이다. 보트의 방향을 조절하고, 노 젓는 힘과 리듬이 맞도록 지원하는 역할을 한다. 플라스틱 확성기를 입에 대고 목소리를 높이면서 선수들과 소통한다. 업무 일관성을 맞추는 셈이다. 키잡이는 선수들을 격려하고 응원하며 끝까지 최선을 다해 결승선을 통과하도록 조력한다. 대회 참가자인 양 찰스 강변 오리 떼도 일렬로 헤엄치는 재미있는 장면을 볼 수 있다.

하버드대학교 보트 팀 매사추세츠 주 찰스강에서 훈련 중이다.

오리 가족 찰스강에서 일렬로 이동 중이다.

조직에서 한 팀으로 일할 때, 성취를 위해서는 보트 팀처럼 조율과 조정이 늘 필요하다. 목적과 목표라는 도구를 활용해서 높은 성취를 내는 조직 운영은 보트 경기와 유사한 점이 있다.

목적과 목표의 차이는 뭘까? 목적이 장기적인 방향성이라면 목표는 단기적인 성취다. 다른 말로 하면, 목적은 성과와 연결되고, 목표는 산출물과 연결된다. 전문가마다 다를 수 있지만 나는 이렇게 정의한다. 목적과 목표에 대한 정의가 필요한 이유는 조직의 일관성을 맞추는 작업에서 기준이 되기 때문이다.

전사적 목적 = 미션	팀별 목적	팀원 목적
~하기 위해서 우리 회사는 존재한다.	~하기 위해서 우리 팀은 존재한다.	~하기 위해서 나는 존재한다.

전사적 목표 = 비전	팀별 목표	팀원 목표
고객들이 가장 사랑하는 화장품 회사이다. (고객 만족도 기준)	고객 불만을 당일 접수하여 당일 해결한다. (CS 팀 기준, 당일 해결 건수 또는 비율)	고객 불만을 접수하고 해결하는 것은 최우선순위 업무이다. (CS 팀원 기준, 당일 해결 건수)

목적과 목표 레벨에 따른 목적과 목표

업무의 일관성을 맞추기 위해 앞에서 제시했던 존재 목적과 목표를 우선적으로 정리하자. 조직과 팀 그리고 개인이 하는

157

모든 활동은 목표를 이루기 위한 것이고, 존재 목적을 실천하는 것이기 때문이다.

구성원은 자신이 하는 일이 쓸모없는 일이라고 생각되면 행동하지 않는다. 자신이 쏟는 시간과 노력이 헛되지 않을 거라는 생각으로 행동한다. 리더는 이러한 확신과 동기를 제공해야 한다. 일관성을 맞추는 것은 존재 이유와 구성원 자신의 일을 서로 일치시키는 과정이다. 큰 그림에서 일관성은 개인과 팀 그리고 부서처럼 조직 단위 그룹 업무가 연결된다는 의미다.

10명 내외의 소수 조직이든 수천 명으로 구성된 거대 조직이든 같은 원리로 업무 일관성을 구축할 수 있다. 이것이 의미하는 바는 크다. 조직이 크다고 관리적인 이슈가 더 커진다고는 볼 수 없다. 업무 일관성을 잘 관리하지 못하면 10명의 조직이라도 비효율성이 클 수 있다. 업무 일관성은 조직의 규모와 상관없이 개인적인 레벨에서 맞추느냐 그렇지 않으냐가 관건이다. 업무 일관성을 맞추는 조직은 일사분란하고 생산성이 높다.

회사를 하나의 개체로 인지할 때 그것이 만들어내는 가치는 활동을 통해서 완성된다. 리더는 개별 조직을 전체로 바라봐야 한다. 전체로서 달성해야 할 목표를 계획하고 세운다. 이것이 조직의 밑바탕이 되는 그림을 그리는 작업이다. 큰 종이에 하나의 그림을 그린다고 상상해 보자. 멋진 도시 그림을 그린다면? 하나의 아름다운 도시를 그리기 위해서는 여러 요소가 필요하다. 도시에 속한 개별적인 건물들, 공원, 도로 등이다. 리더는 전체적인 그림을 그리는 사람이며, 동시에 전체 안에서 작동하는 개별적 요소를 보는 눈을 가진 사람이다. 업무 일관성을 이러한 맥락으로 이해하자.

구성원은 조직 안에서 자신의 역할을 명확히 이해해야 할 뿐만 아니라, 자신의 활동이 전체에서는 어떤 역할을 하는지 알아야 한다. 그러기 위해서 전체적인 그림은 구성원들에게 효과적으로 공유되어야 한다. 이것은 중간관리자를 통해서 진행되거나 전체 모임에서 공유할 수 있다. 구성원들은 조직이 현재 어떤 상황에 있고, 미래에 어떤 위치에 있을지를 다양하고 창의적이며 효율적인 방법을 통해서 분명하게 인지한다. 이것이 구성원들이 근본적으로 일할 동기를 갖는 원동력이다.

조직의 대표는 전체적인 그림을 그리는 일과 그것을 구성원들과 소통하는 일을 우선순위에 두고 시간과 노력을 들여야 한다. 전체적인 그림 없이는 구성원들이 방향성과 목표를 설정하는 것이 불가능하기 때문이다. 또 무엇이 최선의 행동인지 판단하기도 어렵다. 리더는 이러한 조직의 정체성과 관련된 정보를 구성원들과 공유하여 그들이 일을 잘할 수 있도록 돕고, 주도적으로 의사결정을 내릴 수 있도록 지원해야 한다.

동료들의 업무에 대한 이해를 돕는다

신입사원을 위한 코칭을 할 때, 소프트랜딩Soft Landing을 위해서 '나의 회사 이해하기'에 관한 질문을 한다. 답변을 완성하는 건 코칭 참가자의 숙제다. 이 과정을 통해 참가자는 자신의 회사에 대해서 깊이 이해하고, 자신이 회사에 대해 어떻게 생각하는지, 회사와 팀을 지원하기 위해서 어떤 노력을 기울여야 하는지 알 수 있다. 그간의 코칭 경험을 통해 이 과정이 신입사원의 회사 적응에 큰 도움이 되는 걸 확인했다.

조직의 관리자가 당면하는 과제는 구성원들이 자율적으로 일하되, 조직의 방향성에 맞게 일하도록 어떻게 업무 내용을 만들 것인가에 있다.

이러한 관점에서 업무의 일관성을 맞추는 일은 업무 자체라기보다 업무에 대한 정의Definition와 분배Distribution에 대한 영역에 속한다. 즉, 관리적인 측면이 강하다.

스타트업 또는 소기업에서 흔히 하는 실수를 보자. 대부분 업무가 많아서 업무 자체에만 몰입하거나 업무 관리 측면을 적절히 다루지 못한다. 그러니 구성원 간에 업무 갈등이 잦아진다. 업무 내용의 충돌이 일어나거나 책임자가 불명확해지기도 한다.

나의 회사 이해하기

1. 회사의 정체성

미션	
비전	
핵심 가치(3가지)	

2. 회사의 비즈니스 모델

고객 가치 제안 1	
고객 가치 제안 2	
고객 가치 제안 3	

3. 회사의 기대치

공식 표준행동	
비공식 표준행동	
목표	

4. 팀의 기대치

소개(팀원, 활동, 특성 등)	
공식 표준행동	
비공식 표준행동	
목표	
기술적 스킬	

내가 참여했던 팀 컨설팅 과업 이야기다. 정부 기관에서 발주한 업무로서 분야별 전문가들이 모여 업무 결과를 산출하는 일이었다. 리더와 팀원들은 서로를 잘 알지 못하는 사이였지만 만나자마자 자신들의 의견을 내기 시작했다.

초반에는 서로에 대해서 이해하고, 어떤 역할을 맡을 수 있을지 논의하는 시간이 있어야 한다. 하지만 대개 그런 시간이 주어지지 않는다. 한국의 '빨리빨리' 문화 탓일까? 만나자마자 급하게 과업 이야기에 초점을 둔다.

그 팀의 리더는 팀원들에게 명령할 뿐 업무 목적, 업무 방법, 소통 방법, 문제 대처법과 같은, 과제를 잘 풀어나가기 위해서 어떻게 일하는가를 다루어주지 않았다. 리더로서 팀원들이 협업하여 과업을 세분화하고, 각 부분을 담당할 팀원을 적재적소에 배치하는 조율과 중재를 하지 못했다. 모두 알아서 자기가 맡은 일을 해주기를 바라는 모호한 태도를 보였다.

결국 팀원들은 서로 업무를 미루고 처리하지 않으면서 누가 책임지는지도 모르는 혼란에 빠졌다. 더 큰 어려움은 리더가 전체에게 정보를 공유하지 않고, 일부에게만 공유할 때 발생했다. 팀원들은 갈팡질팡하며 정보를 아는 팀원에게 집중하니 그 팀원이 새로운 리더 역할을 하게 되었다.

리더는 경험의 많고 적음이 아니라, 리더로서 자신의 역할을 분명히 알고 실천하는가에 따라 성패가 좌우된다는 것을 다시 한번 알게 된 경험이었다. 리더로서 훌륭한 팀을 만들고자 할 때는 자신의 과업이 무엇인지 진지하게 성찰해야 한다. 그런 자세 없이는 과업에 기여할 수 없고, 팀원들의 눈치를 보는 소극적인 태도만을 취하게 될 뿐이다. 그러나 프랙티스를 한다면? 생산적인 리더십 역량을 습득할 수 있다.

개인과 팀 모두를 고려한다

훌륭한 리더가 되기 위해서는 우선 팀원들에 대한 인간적인 관심을 가져야 하고, 동시에 성과를 달성할 수 있는 전체적인 로드맵 분석도 필요하다. 사람과 과업을 탐구하고 협의의 과정을 통해 책임을 적절하게 분배할 때 목표가 달성된다.

팀의 변화와 성장을 위한 가이드라인을 세우는 것 또한 리더가 촉진해야 할 역할이다. 팀원 한 사람 한 사람을 대하면서 전체 팀을 관리해야 한다.

팀원들이 하나의 팀이 되도록 환경을 조성한다.

프랙티스한 리더는 팀원 전원이 협력할 수 있도록 의견을 조율한다. 또 중재하는 역할을 맡아 팀원들이 개별적으로 활동하거나 자신의 주장만 내세우는 것을 허용하지 않는다. 협력하는 팀을 만들지 못하면 수월하게 끝낼 수 있는 일을 어렵게 끌고 간다.

자신의 주된 역할이 팀을 하나 되게 만드는 것이란 사실을 인지하지 못하면 리더의 권위와 위치를 잘못된 방식으로 사용한다. 권위를 이용해 팀원에게 어떤 과제를 지시하거나 명령할 때 자기 뜻에 맞는 사람은 잘 대하고, 그렇지 않은 사람은 위협하거나 어려운 업무를 넘긴다. 리더 역할에 대한 진지한 고민 없이 주어진 권위를 남용할 때 효과적으로 협업하고 서로에게 배울 기회를 놓치게 된다. 리더가 팀원들을 개별적으로 대하면 차별이 생기고, 소통에서 정보의 격차가 발생한다. 효과적인 방법은 팀원이 함께 모여 의논하고 협의하는 것이다. 리더가 맞아들이는 한 사람은 역사적인 한 인간이 리더의 세계 안으로 들어오는 것이다.

역사적이란 한 사람의 과거, 현재 그리고 미래다.

사람은 과거에 자신의 가진 경험을 바탕으로 생각하고 움직인다. 미래에 어떤 사람이기를 바라는 소망으로 현재의 결정을 내리기도 한다. 이러한 배경을 알고 질문할 때 리더는 맥락적 경청이 가능해진다. 구성원이 한 말을 과거, 현재, 미래의 경험을 토대로 재해석할 수 있다. 호기심 어린 눈과 태도로 다양한 질문을 주도적으로 하면서 새로운 사람을 알아가길 바란다. 구성원은 이렇게 생각할 것이다.

이 리더의 질문 속에는 내가 어떤 사람인지,

그리고 무엇을 원하는지가 들어있어.

이 리더와는 진솔하게 대화할 수 있겠어.

마음 편히 대화하면 나도 뭔가 배울 것이 있겠구나.

리더와 구성원을 관리한다

리더는 구성원을 동료로 인식하고 관리한다. 우선 '관리한다'는 용어에서 지속적이고 의도적인 일련의 노력이 요구된다는 것을 알 수 있다. 구성원은 '부리는' 사람이 아니라 '관리해야 할' 대상이다.

리더는 구성원을 어떻게 대우하고 다루어야 하는지 방법론을 찾아보자.

리더가 어떤 행동을 하면 구성원이 관리자로 인식할까?

리더는 어떤 생각의 전환과 실천이 필요할까?

모든 관계는 양방향이다. 그런 점에서 리더는 구성원에게 의존적이고, 동시에 구성원도 리더에게 의존적이다. 구성원의 관점에서도 리더를 자신의 동료로 제대로 인식하는 것이 중요하다. 자신의 리더가 어떤 사람인지 관심을 가지고 관찰해야 한다. 일련의 관찰과 소통을 통하면 리더를 관리하는 태도도 취할 수 있다. 구성원이 자신의 리더를 존경하든 그렇지 않든 리더에 대한 인식의 영역을 확대하는 노력을 해야 한다. 이것은 기본적으로 리더가 어떤 존재인지 파악하는 것이다.

리더는 어떤 성격의 소유자인가?
리더는 어떤 강점을 소유하고 있는가?
리더는 어떤 흥미를 느끼고 있는가?
리더는 어떤 업무 스타일을 가지고 있는가?

이와 같은 질문을 던지면 매번 리더를 대할 때마다 질문에 대한 정보를 얻을 수 있다. 상황에 따라서는 리더에게 직접 물어볼 수도 있다. 현명한 구성원은 리더에게 진심 어린 관심을 가지고, 리더에게 진실한 질문을 할 수 있는 사람이다.

다음은 리더를 관리하는 데 도움이 되는 체크리스트다. 존가로John J. Garro와 존 코터John P. Kotter가 2005년에 「하버드 비즈니스 리뷰」에 기고한 글에서 발췌했다.

리더를 관리하는 체크리스트

---

1. 다음을 포함하여 리더가 처한 환경을 이해하도록 한다

목적, 목표

받고 있는 압박들

강점, 약점, 자신이 인식하지 못한 부분

선호하는 업무 스타일

2. 당신 자신의 욕구와 스타일을 파악한다

강점, 약점

개인적 스타일

권위자를 향한 당신의 평소 행동

3. 리더와 다음과 같은 관계를 개발한다

당신의 스타일과 욕구를 충족하는

서로의 기대치를 이해하는

리더가 지속적으로 정보 업데이트를 얻는

서로가 상호 의존적이고 정직한

리더의 시간과 자원을 선택적으로 활용하는

리더는 보이지 않는 영역을 우선해서 다룬다. 핵심은 서로 간의 신뢰에 있다. 신뢰를 구축하는 빠른 길은 구성원의 존재

를 진심으로 인정하는 것이다. 리더는 이를 위해 시간과 노력을 분배하는 계획을 미리 세우고 주도적으로 실행해야 한다. 신뢰를 바탕에 둔 관계를 위해서는 서로에 대한 진솔한 대화의 시간이 필요하다. 업무적인 부분을 떠나서 인간 대 인간으로 얼굴을 마주하고 편하게 웃을 수 있는 그런 시간 말이다.

두 사람은 이 시간에 업무의 무게를 거두고 서로에게 집중할 수 있다. 리더는 이 대화에서 질문과 경청에 집중한다. 질문을 한다면 구성원에 대해서 파악하기 위한 것이 주를 이루도록 한다. 다음과 같은 질문들이 될 수 있다. 이러한 질문들을 조정하고 변형해 보는 프랙티스가 필요하다.

성격의 관점에서 어떤 사람인가요?

주로 어떤 것을 할 때 몰입을 하나요?

과거에 활기차게 일한 경험은 어떤 것인가요?

소중한 사람은 누구죠?

가족은 어떤 의미가 있나요?

회사는 어떤 의미가 있나요?

자신의 강점이 무엇이라고 생각하나요?

중요하게 생각하는 가치는 무엇인가요?

이 일은 어떤 의미가 있나요?

어떻게 휴식을 취하나요?
리더인 내게 바라는 중요한 3가지는 무엇인가요?

앞서 소개한 전인 카드는 이 질문을 구성하는 데 도움이 된다. 대화를 통해서 함께 채워나가도 좋고, 전인 카드를 채우기 위해서 질문을 해도 좋다.

혹은 대화 후에 구성원이 전인 카드를 진지하게 작성하도록 제안할 수도 있다. 질문들은 리더가 그러한 점을 중요하게 인식한다는 것을 알려준다. 구성원의 존재를 파악하기 위한 질문들도 중요하지만, 질문을 통해 리더가 구성원에게 보여주는 관심은 신뢰를 강화하는 데 큰 도움이 된다.

구성원이 무엇에 관심이 있는지 생각해 보라. 구성원에게 하는 질문이나 말은 리더의 마음속에 무엇이 있는지를 대변한다. 그러니 신뢰 관계를 지속하기 위해 구성원에게 존재에 대한 질문들을 해보자. 평소에 마주치거나 기회가 될 때마다 반복해야 한다. 사소하지만 강력한 질문들을 제안한다.

오늘 기분은 어떤가요?
업무 강도는 어떤가요?
가정은 평안한가요? 부모님은 건강하시죠?

무슨 염려가 있어 보입니다. 알려줄 수 있나요?

요즘 야근을 자주 하는데 건강 관리는 잘 하고 있나요?

위와 같은 질문을 자주 던진다면 이미 훌륭한 리더로서 행동하고 있는 것이다. 잠시 마주쳤을 때 할 수 있는 간단한 질문들이지만, 듣는 이에게 주는 영향력은 상당하다.

위와 같은 질문을 누군가에게 받는 경우가 많은가?

그때 감정과 마음이 어떠했는가?

가장 많은 시간을 같이 보내기 때문에, 이런 질문은 리더가 구성원의 존재를 알아줄 수 있는 특권이다.

기대 수준을 협의한다

리더는 업무 태도와 결과에 대한 기대 수준을 확인한다. 기대 수준을 맞추는 것은 한국 문화에서 특히 어려운 점이다. 한국은 정情의 문화이기 때문에 기대하는 바가 무엇인지 명확한 기준을 세우는 작업을 꺼리는 편이다. 그래서 기대 수준을 세우는 일은 소홀히 여겨지고, 소위 눈치가 빠른 사람이 조직 문화에 빠르게 적응하고 일을 잘하는 사람으로 인식되는 일이 허다

했다. 기대 수준은 주어진 시간에 꼭 필요한 일을 하게 하는, 효율성을 극대화하는 소통 방법이다. 갈수록 리더들에게 명확한 의사 전달 스킬의 필요성이 대두된다.

명확한 기대 수준을 세우고 전달하는 일은 가장 기본적인 신뢰 구축 태도이자, 리더로서 해야 할 아주 중요한 초기 임무 중 하나다. 서로의 기대치를 맞추면서 신뢰를 쌓을 수 있는데, 아무런 정보를 주지 않는다면 어떤 기준에 맞추면서 일해야 하는지 알 수 없고 잘못된 인상을 주기도 한다. 따라서 리더는 평소에 다음과 같은 질문을 해야 한다.

나의 구성원은 내가 그들에게 기대하는 것과
회사가 기대하는 것에 대해서 명확히 인지하고 있는가?

훌륭한 리더는 구성원을 아끼는 마음으로 소속된 팀이나 조직에서 어떤 기대 수준을 요구하는지 상세하게 안내한다. 그렇게 구성원이 최적의 역량을 발휘할 수 있도록 돕고 지원한다. 구성원은 이러한 기대 수준에 맞춰가면서 조직의 문화를 배우고 체득하게 된다.

조직마다 문화가 다르다. 이는 다른 행동 방식이 요구된다는 뜻이다. 조직 문화는 새로운 구성원들이 들어오고 조직에 흡수

될 때마다 강화된다. 리더는 구성원들이 조직 문화의 긍정적인 면에 이바지할 수 있도록 안내하는 역할을 맡는다.

소통에 대한 기대 수준도 공유한다. 조직에서 갈등이 야기되는 주요한 원인 중 하나는 소통 방식이다. 리더와 구성원은 서로 어떤 소통 방식을 기대하는지를 전달할 수 있다. 소통 방식에는 메신저를 통한 소통, 이메일을 통한 소통, 전화를 통한 소통, 대면 소통의 방식이 있고 소통의 시간대도 오전, 오후, 휴식 시간 등 다양하다.

구성원이 리더와의 소통을 부담스러워하는 것은 당연하다. 리더가 자연스러운 소통 방법을 직접 알려줄 수 있다. 구성원의 성격이 소심하다면 정기적인 시간을 정해줄 수도 있다. 어떤 소통 방식을 선호하는지 질문할 수도 있다.

이렇게 서로에게 격려가 되고 힘이 되는 소통 방식을 추구하면 에너지를 빼앗는 소통 방식을 제거할 수 있다. 기대치를 공유한다는 것은 책임에 대해서 논하는 것이고, 그에 합당한 결과가 따르지 않으면 일종의 패널티Penalty가 있음을 암시하자. 기대치 공유는 서로가 서로에게 일련의 활동과 결과를 약속한다는 의미다. 그 내용이 불명확하거나 애매한 것은 좋지 못하다.

프로젝트나 과제를 할 때 리더는 어떤 기준을 충족해야 하는지 가능한 한 상세하게 공유한다. 제대로 이해했는지 질문을 통해 경청하면서 확인하는 자세도 필요하다. 똑같은 말이라도 사람이 어떤 프레임으로 인식하느냐에 따라서 다른 결과가 나온다. 그래서 서로가 공통된 이해를 하고 있는지 확인해야 한다. 이 과정은 중요한 일을 시작하기 전에 반드시 거쳐야 하는 단계다.

최종 결과에 대해서 서로가 명확하게 공유해야 한다. 구성원은 그 기대 수준을 달성할 수 있는지 리더와 솔직하게 논의한다. 명심할 것은 시간이 가장 소중한 자원이라는 사실이다. 잘못된 방향으로 나아가기 전에 최대한 확실하게 업무 기대치를 조정한다는 것을 의미한다.

리더는 기대 수준을 맞추는 과정을 먼저 구성원에게 실천한다. 기대 수준을 어떻게 맞춰 나가는지 배울 수 있도록 시간과 노력을 공유한다. 조직 문화에 대한 기대 수준, 소통 방식에 대한 기대 수준 그리고 일의 결과에 대한 기대 수준을 맞추는 과정은 리더와 구성원이 신뢰 관계를 구축하는 데 꼭 필요하다.

구성원들은 리더가 원하는 것이 무엇인지 정확히 파악할 책임이 있다. 보통 지시하는 것만 하려고 한다. 지시하지 않은 것에 대해서는 리더에게 책임을 돌릴 수 있기 때문이다.

리더들이 구성원에게 명확한 기대 수준을 전달해야 하는 것과 마찬가지로 구성원도 리더가 갖는 기대 수준을 파악할 책임이 있다. 관계는 양방향이다. 누구에게 책임을 지우기 위해서가 아니라 적극적이고 부드러운 자세로, 해야 하는 바를 명확히 하는 노력을 계속해야 한다.

리더를 관리하는 구성원들은 관찰력이 있고 부지런하다. 적극적으로 질문하고 모르는 것이 있으면 도움을 요청한다. 이해하고 있는 바가 맞는지 리더에게 확인을 요청한다.

예선에 내가 국제 프로젝트를 수행하면서 행했던 실수 중 하나는 애매한 부분을 질문하지 않은 거였다. 훌륭한 구성원이 되기 위해서 더 분발해야 함을 깨달았다. 나의 리더는 내게 이렇게 말했다.

"현석, 너는 애매한 부분을 명확히 하지 않는 습관이 있어. 애매한 부분은 꼭 리더에게 질문해야 하는 법이야."

또한 주어진 과제를 다 마치고 리더에게 확인을 받았을 때 지시하지도 않은 부분을 넣어서 굉장히 곤혹스러웠던 적도 있다. 물론 책임감을 느끼고 주도적으로 일을 추진하는 자세는 중요하다. 하나하나에 리더의 인풋을 기대할 수는 없기 때문이다. 가장 중요한 것은 과업의 목적과 방향성이다.

기대 수준을 소통하는 것이 이렇게 중요하다. 하지만 어떻게 소통해야 하는지 궁금할 수 있다.

하버드 비즈니스 사례는 지니 산업Genies Industries이 기대 수준을 소통하기 위해 어떻게 접근했는지 좋은 프랙티스를 제시한다. '기대 편지Expectations Letters'라는 것인데, 리더와 구성원이 서로에게 기대하는 바를 글로 명확히 적은 편지를 작성하고 함께 서명하도록 하는 일종의 실천 방법이다.

말로 하면 오해가 발생할 수 있고 내용이 불명확할 수 있으니 핵심 기대 사항을 글로 표현하면 도움이 된다.

새로운 구성원이 회사에 첫 출근을 하면, 며칠 이내에 리더가 그 구성원과 기대치를 소통하는 것이 중요하다. 리더는 새 구성원을 알아가면서 서로 간에 기대 수준을 맞추는 데 많은 시간을 할애해야 한다. 기대 편지는 구두로 하면 잘 전달되지 않을 내용을 문서화하여 더욱 명확하게 기준을 맞출 수 있도록 돕는다. 이것을 작성했다고 해서 기대 수준을 조율하는 것이 끝난 것은 아니다. 적어도 일주일 이상 업무를 함께하면서 업무 목표를 맞추는 소통을 지속해야 한다.

새 구성원이 조직에 적응하도록 지원하는 과정을 온보딩Onboarding이라 한다. 사람은 첫인상에 따라 그 사람에 대한 호감과 비호감을 지속적으로 가지는 경향이 있다. 한번 인상이 결정되면 쉽게 바뀌지 않는다. 이 온보딩 기간에 새로운 구성원은 조직의 분위기, 리더에 대한 평가를 한다. 즉, 자신이 바른 회사를 선택했는지 혹은 잘못된 선택을 했는지 판단한다.

기대 편지

작성자 제1 교대 제조 팀 감독

제1 교대 제조 팀 팀원

당신이 나에게 기대할 수 있는 것

‣ 100% 귀 기울이고 노력합니다.

‣ 명확한 기대, 시기적절한 피드백, 공정한 책임을 다하겠습니다.

‣ 경청하고 문제와 문제 해결을 돕겠습니다.

‣ 목표를 제시간에 안전하게 달성할 수 있도록 필요한 리소스를
  제공하겠습니다.

‣ 당신의 아이디어와 우려 사항을 듣고 팀원 및 팀 감독과 논의할
  수 있는 환경을 제공하겠습니다.

‣ 문제의 근원을 찾은 다음 수정을 시작할 때까지 그 이유를
  묻겠습니다.

‣ 교육과 학습을 장려하는 환경을 제공하겠습니다.

‣ 우리의 작업 영역 전반에 걸쳐 '지속적인 개선'을 끊임없이
  추구하기 위해 노력하겠습니다.

‣ 나는 회사의 방침을 따르고 진정한 팀워크를 바탕으로 한 환경을
  조성하는 데 도움을 줄 것입니다.

내가 당신에게 기대하는 것

▸ 안전이 최우선입니다.

▸ 존경심과 신뢰로 모든 팀원을 대합니다.

▸ 품질 표준을 유지하면서 생산 목표를 달성합니다.

▸ 팀의 이익을 기반으로 한 모든 결정을 지지합니다.

▸ 집중적으로 경력 목표를 추구합니다.

▸ 말한 대로 행합니다.

▸ 다음 교대 조를 위해 모든 도구가 제자리에 정렬된 상태로 깨끗한 작업 공간을 유지합니다.

▸ 결석하거나 지각할 때 사전 통지합니다.

▸ 필요한 경우 부재중인 팀원의 역할을 채웁니다.

▸ 재료가 없거나 허용된 시간 내에 생산을 충족하지 못할 때 조기에 통보합니다.

▸ 모든 형태의 폐기물을 공격적으로 줄여 나갑니다.

▸ 효과적인 문제 해결사로 해결책을 제시합니다.

▸ 회사의 원칙을 수용하고 프로세스를 적극적으로 사용합니다.

▸ 고객의 니즈를 파악하고 충족시킵니다.

▸ 팀원 핸드북에 명시된 모든 회사 정책을 이해하고 준수합니다.

날짜 _____   감독 서명 _____

팀원 이름 _____   팀원 서명 _____

구성원이 조직에 그리고 리더에 대해 잘못된 이해를 가지면 그 영향은 오해와 갈등으로 이어져 낮은 성과 혹은 회피로 귀결되기 쉽다. 현명한 리더는 이 온보딩에서 기대치를 조율하는 노력을 기울인다. 초기에 많은 시간을 투자하여 협업을 조율하고 상호간에 부드러운 업무 관계를 구축해야 한다. 리더라면 '새로운 구성원이 알아서 적응하겠거니' 혹은 '다른 동료가 도와주겠거니' 하고 안일하게 생각해서는 안 된다. 보이는 영역과 보이지 않는 영역에서 그 구성원이 잘 적응할 수밖에 없는 환경을 구축하자. 그리고 최대한 빨리 구성원이 '이 회사에 오길 잘했다.'라는 생각을 갖도록 하자.

　한 회사를 컨설팅하면서 구성원과 친밀하게 협업하는 과제를 맡은 적이 있다. 나는 위의 원리를 이해하고 있기에 많은 시간을 투자하여 서로를 알아가는 대화를 나누었다. 함께 식사하면서 서로가 어떤 존재인지 다양한 질문을 주고받았다. 이를 통해 그 구성원의 성격 성향을 알게 되었고, 회사에 기대하는 바도 알게 되었으며, 어떤 필요가 있는지도 파악했다. 무엇보다 내가 리더로서 문제가 생기면 언제든지 편하게 논의할 수 있는 상대라는 것을 인지시킬 수 있었다. 즉, 내가 어떤 생각을 하고 있고, 어떻게 행동하기를 기대하는지도 알려줄 수 있었다.

　초기에 서로의 존재를 알아주는 시간을 가진 후에 우리는 맡겨진 과제를 어떻게 해결해야 할지 논의했다. 전략적인 계획을 세우고 나면 반드시 구성원에게 피드백을 받았다.

리더로서 구성원의 실무적인 부분을 해결하는 위치에 있었기 때문에 구성원의 의견이 과업의 실행력을 높이는 데 중요한 포인트였다. 그의 의견을 수용하여 전략을 수정하고, 빠르고 효과적으로 실행하며 보완했다. 적어도 일주일에 하루는 커피숍에서 일주일간 우리가 성취한 것 그리고 성취하지 못한 것을 나누면서 우리에게 맡겨진 과제의 프로세스를 되짚어 보았다. 이렇게 서로를 협업 파트너로 인정하고 격려하면서 함께 전진하는 추진력을 가질 수 있었다. 업무 결과도 좋았다. 경영 팀에서 오랫동안 골머리를 앓던 문제를 해결했다.

기대 수준의 세부 내용인 행동과 목표, 기대치는 조금 더 상세하게 나눌 수 있다. 행동에 대한 부분과 목표에 대한 부분인데, 우선 행동에는 표준행동과 비공식 표준행동이 있다. 전자는 회사 규정상 명시되어 있는 규범과 같은 것이고, 후자는 암묵적으로 그래야만 하는 행동에 대한 것이다.

다음의 구성도를 보자. 비공식 표준행동에 대해서 구성원은 생각을 정리하고 자신의 행동을 점검할 필요가 있다. 대부분 갈등은 회사나 팀에서 요구하는 행동 양식인 비표준 행동 때문에 생긴다.

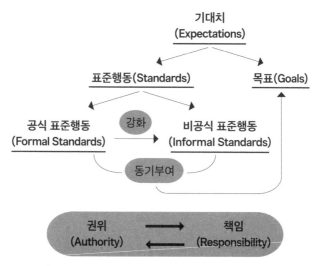

Steve Reilly의 Expectations 기대치는 행동과 목표에 대한 바람직한 방향에 대한 기준을 세우는 것을 의미한다.

예를 들어, '회의 시간 5분 전에는 미팅에 참석해야 한다.'와 같은 규정되지 않은 기대치가 지켜지지 않을 때 갈등이 유발되기 때문이다. 구성원은 특별히 자신의 리더가 요구하는 비공식 표준행동에 대해서 명확한 기대 수준을 정리하고, 수시로 업데이트하면서 자신의 행동을 변화시켜 나가야 한다.

목표에 대한 기대 수준은 '회사 운영과 관련된 목표'와 '구성원 개발과 관련된 목표'로 나눌 수 있다. 전자는 우리가 보통 말하는 회사의 퍼포먼스 혹은 성과다. 매출이나 고객의 수로 표현되기도 한다. 하지만 이제 성과에만 집착하는 리더십보다는 구성원들의 전인적인 성장을 목표로 하는 리더십이 지속적인 경쟁력을 만들 수 있다.

목표 관리에 대한 기대는 회사 운영 차원의 목표와 자기 계발과 관련된 목표 2가지를 모두 충족해야 하며, 이를 통해 구성원들은 장기적으로 회사에 이바지할 수 있는 인재가 된다.

건강한 조직을 추구한다

이러한 부분은 사실 조직의 건강함과 유능함이란 개념과도 연결된다. 존경받는 리더는 사람을 중심에 두기에 그들이 건강하게 행동하고 유능해지도록 지원한다.

패트릭 렌치오니는 그의 저서 『무엇이 조직을 움직이는가』에서 건강한 조직에서 유능한 조직으로 나아가야 한다고 말한다. 잘 생각해 보라. 우리가 살아가고 있는 현실에서는 그 반대의 관점이 우세하다. 즉, 유능한 조직을 먼저 만들고, 건강한 조직으로 가면 된다고 생각한다.

이제까지는 유능함에 따라 사람을 선택하고 평가하는 것이 기준이었다. 유능해지기 위해 취업준비생들은 스펙을 쌓는다. 자격증이나 기술을 습득하는 데 노력과 시간을 투자하고 학위를 딴다. 얼마나 능력이 있는지가 사람의 판단 기준이다. 한쪽으로 치우친 태도를 보인 리더들은 구성원들에게 그들이 필요로 하는 건강함에 대한 갈증을 풀어주지 못했다.

리더는 개인을 관리하고 팀을 관리한다. 구성원들이 건강하게 행동하며 팀 안에서 유능해지도록 지원한다. 관점을 달리하는 데 성공한 리더들은 이제까지의 사회가 가지고 있었던 명령과 실적 위주의 악순환 고리를 끊고, 함께 생산적인 조직 문화를 만드는 선순환의 사이클을 만들어나갈 수 있다. 리더가 구성원들의 전인적인 성장을 위해 프랙티스를 해야 하는 이유다.

프랙티스를 위한 질문 9

‣ 당신의 팀은 건강한 팀인가 아니면 유능한 팀인가? 당신이
 생각하는 강한 팀을 건강함과 유능함 두 요소로 설명해 보라.

‣ 팀 협업을 높이기 위해 어떤 프랙티스를 할 수 있는가?

‣ 회사와 팀에 대한 팀원들의 이해를 높이기 위해서 당신이
 할 수 있는 지원은 무엇인가?

‣ 당신은 동료를 전인적으로 이해하는가 아니면 기능적으로
 이해하는가? 전인적으로 이해하기 위해서 당신은 무엇을
 할 수 있는가?

‣ 당신은 당신만의 리더를 관리하는 방법을 실천하는가?

‣ 구성원을 관리하기 위해서 평소에 어떤 프랙티스를 하는가?

‣ 당신의 동료들은 서로에 대한 기대 수준을 알고 있는가?

‣ 당신의 조직은 평소에 기대 수준을 맞추는 프랙티스를
 어떻게 하는가?

‣ 당신이 동료들에게 자신에 대한 기대 편지를 적는다고
 가정해 보라. 어떤 편지를 써서 주겠는가?

10

서로에 대한 책임감을 가져라

구성원의 건강한 성장을 책임진다

2022년 3월 24일 Newsis 뉴스 기사에 따르면 MZ 세대 3명 중 1명이 조기 퇴사를 한다고 한다. MZ 세대는 자신의 가치관과 생각이 뚜렷한 탓에 조직 생활에 성공적으로 적응하는 비율이 낮아서 조기 퇴사자가 다수 발생한다.

컨설팅하면서 구성원들에게 전하는 요점은 "사람은 각자 다양한 역할을 소화해야 한다."라는 것이다. 가정에서는 자녀로서, 결혼한 후에는 부모로서 역할이 있다. 친목 모임에서는 그 모임의 성격대로 행동하도록 요구받는다. 특정 시점에 어떤 조직 안에 있느냐는 자신이 입어야 할 '옷'을 상황에 따라 다르게 입는 것과 비슷한 의미다.

많은 구성원이 자신을 표현하는 것을 중요하게 생각한다. 그래서 자신이 생각하는 방식을 주장한다. 이것이 틀린 것은 아니다. 다양성 존중은 조직의 창의력과 문제 해결력을 강화하는 데 중요한 요소이다. 하지만 여기에도 고민해야 할 부분은 존재한다. 조직이 요구하는 대로 행동하는 것이 자신의 본래 모습을 없애는 것이 아니라는 점이다. 어떤 조직에 속하는가는 근로자의 선택으로 이루어진다. 그 선택에 대한 책임을 지고 생산적인 근로자가 되고, 생산적인 조직이 되도록 근로자로서 이바지해야 한다.

조직 문화를 배우는 것은
조직에서 좀 더 훌륭한 직업인으로 행동하는 것을 말하며
곧 자신의 전문적인 역량을 높이는 길이다.

물론 윤리적이며 인간적인 존중을 받는 조직 안에 있을 때 해당하는 말이다. 안타까운 사실은 존경하고 본받을 만한 조직 문화를 갖지 못한 경우가 많다는 것이다. 이러한 현실 때문에 조직을 불신하는 MZ 세대가 허다하다. 하나의 조직에 속한다

는 것은 결정과 헌신을 동반한다. 한 조직에 들어가는 것은 그만큼 특별한 일인데, 조직이 요구하는 기대치를 무시하는 행동과 태도는 결코 인정받을 수 없다.

연차 평가 시스템을 컨설팅했던 회사의 사례를 보자.

컨설팅 결과, 구성원들이 입사 후 삶에 좋지 않은 변화가 생긴 것을 확인할 수 있었다. 한 구성원은 늦은 야근으로 삶의 균형이 많이 깨어져 있었다. 몸무게도 늘어난 상황이어서 건강이 나빠질 우려가 컸다. 회사 차원에서 좋아하는 운동을 할 수 있는 헬스장 바우처Voucher를 지급하기로 했다. 해당 구성원과 상담을 진행했다. 그는 회사의 배려를 꽤 고마워했다. 건강하고 행복한 삶을 영위할 수 있도록 관심을 가지고 지원한다는 회사의 기본 가치를 확인했기 때문이다. 이런 후속 조치는 회사가 어떤 가치를 중시하는가에 따라서 달라질 수 있다. 성과를 최우선으로 여기는 회사라면 최고의 성과를 얻도록 필요한 지원을 아끼지 않는다.

균형 있는 삶을 최우선으로 여기는 회사는
구성원들이 야근을 자제하고
적절한 휴식을 가질 수 있도록 지도한다.

또 주어진 업무 시간 내에 생산성을 높이는 방향을 적극적으로 지원한다. 회사마다 지향하는 조직 문화가 다르고, 지향하는 인재상이 다르다. 그래서 평가 방법론과 평가 이후의 후속 조치도 다를 수밖에 없다. 이것을 무시하고 일률적인 평가 시스템을 도입한다든지, 다른 회사의 평가 시스템을 베끼는 식의 구축은 역효과를 불러올 수 있다.

한 비영리단체의 대표는 자신이 구성원에게 피드백을 주었던 내용을 전달하며 평가 결과지에 잘못된 점이 없는지 의견을 달라고 요청했다. 좋은 의도로 최선을 다해 진실한 평가를 했는데, 정작 당사자는 평가를 받고 조직을 떠났다는 거였다. 한 회사에서 평가 제도를 구축하는 일은 까다롭고 쉽지 않은 일이다.

평가라는 어감 자체에 부정적인 의미가 있어서
평가를 받는 대상자는 날을 세우게 된다.

대상자는 평가 기준이 공평한지, 아니면 평가 내용에 무슨 오류는 없는지 눈을 씻고 살핀다. 평가 내용에 본인이 의도하지 않은 것이나 잘못 기술된 부분이 있다면 평가 시스템이 제대로 구축되지 않았다고 따지거나 불만을 토로하기 쉽다. 그래서 만일 '평가 제도'가 오해의 여지가 있다면 다른 용어를 사용

하는 편이 좋다. 예를 들면 '성장 제도' 같은 용어다. 용어 자체
가 긍정적이고 미래적인 표현이기에 평가 제도의 원래 목적을
더 잘 반영한다.

회사가 어떤 용어를 쓰든 상관없이 이 제도를 통해 구성원들
이 계속 성장하는 게 관건이다. 일을 더 잘하고 회사에 이바지
하는 근로자가 되는 것이 원윈Win-win이니까.

평가보다 성장에 초점을 둔다

구성원을 평가하는 목적은 그 구성원이 더 나은 구성원이 되도
록 하는 데 있다. 이는 기능적으로 유용한 사람이라는 의미를
넘어서 훌륭한 사람을 말한다.

평가라는 시스템은 목적대로 제대로만 사용한다면 한 사람
이 지속해서 성장하는 데 없어서는 안 되는 중요한 도구다. 하
지만 평가의 원래 의미가 변질되어 연봉을 높게 받는 목적이나
다른 보상을 위한 수단으로 변질된다면 평가 제도는 오용될 가
능성이 크다.

구성원들이 갖는 오해 중 하나가 '평가'라는 시스템에 대한
불신과 거부감이다. 자신의 성장을 위해서 사용하는 값진 제도
를 기분을 상하게 하는 시스템으로 생각한다.

중요한 단계가 빠져있기 때문이다. 바로 평가자와 평가 대

상자 사이의 신뢰 관계를 구축하는 일이다. 평소에는 교류하지 않다가 평가 시점에 와서 중요한 피드백을 주고받는 행위는 갈등을 증폭시키거나 서로 간에 오해를 살 수 있는 행동이다. 성공적인 평가를 이루기 위해서는 평소에 평가자와 평가 대상자 간 건설적인 피드백이 오가야 한다. 절대로 평가 시점을 벼르다가 평가를 주는 그런 행동은 하지 않기를 바란다. 평소에 어떻게 소통하고, 어떤 관계를 구축했는지는 훌륭한 평가를 위한 토대가 된다.

피드백을 주고받기 전에 신뢰를 쌓자. 오래 아는 사이라고 신뢰 관계가 구축된 것은 아니다. 오히려 그보다 상대방의 말과 행동을 얼마나 믿을 수 있는지, 평소에 어떻게 대하는지가 중요한 요소가 된다. 공식적인 내용 외에 사적인 관계를 구축하려고 노력하는 것도 신뢰 관계에 중요한 역할을 한다.

비공식적인 관계에서 신뢰 관계를 구축하는 일은 업무 이외의 영역에서 상호 영역을 넓히려는 노력에 있다. 무엇보다 리더의 역할이 중요한데, 구성원이 노력하는 것보다 리더의 의도가 실현 가능성이 더 크기 때문이다. 이를 위해 리더가 질문할 수 있는 영역은 다음과 같다.

· 가족은 어떻게 되며 가족 구성원은 어떤 성향의 사람들

인가?

· 자기 성장에 관심이 있는가?

· 업무 외에 성장하고 싶은 영역은 어떤 영역인가?

· 미래 계획은 있는가? 10년 후에 어떤 사람이 되어있겠
  는가?

· 어떤 재능을 갖고 있는가? 그 재능을 어디에 쓰고 싶은가?

· 자신이 기쁠 때는 언제인가? 어떤 상황에서 보람을 가장
  많이 느끼는가?

· 자신이 중요하게 생각하는 것이 있는가? 어떤 가치를
  중요하게 생각하는가?

　개인적인 관계를 구축하는 것은 동료의 존재에 대해서 깊이
알기 위해 노력하는 것이고 시간을 투자하는 것이다. 이것을
중요하게 생각하는 리더는 시간을 들여서라도 동료의 존재에
대해 파악하고 정리하기 위해 노력한다.

　하지만 이것이 생산성과 관계가 없다고 생각하는 리더는 업
무와 관계없어 보이는 일에 시간과 돈을 투자하기를 꺼린다.
한 사람의 존재를 이해하는 것은 그 사람이 가진 잠재력을 파
악하고자 하는 노력이다. 그 사람이 기본적으로 목표를 성취할
수 있다고, 즉 잠재력이 있다고 전제하고 접근한다. 조직에 이

바지하는 긍정적인 열망을 지닌 존재가 인간이라고 생각하는 것이다. 그래서 훌륭한 리더는 동료가 어떤 조건에서 그러한 성과를 만들어낼 수 있는지 파악하고자 항상 노력한다.

구성원의 성장에 대한 기준을 제시한다

어떤 기준으로 평가를 하는가는 성공적인 평가의 핵심 조건이다. 무엇을 기준으로 하는가를 보면 회사가 구성원들을 어떠한 관점에서 보는지 이해할 수 있다. 구성원들의 산출물만을 평가의 기준으로 삼는가? 아니면 구성원 자체의 전인적인 성장, 즉 리더십 개발도 평가에 포함하는가? 두 질문은 완전히 다른 평가 내용이다.

앞으로 성장해야 하는 중소기업의 경우, 평가 기준이 산출물의 크기라면 장기적으로 높은 성장성은 기대하기 힘들다. 왜냐하면, 중소기업의 장기적인 성장은 조직 안 인재의 성장이기 때문이다. 인재 성장과 역량 강화를 평가에 포함하지 않는다면 구성원들이 이직하거나, 회사에 꼭 필요한 구성원을 다른 구성원으로 대체하는 실수를 할 가능성이 크다. 작은 기업일수록 경영진은 구성원들이 지속 성장하도록 의도를 가지고 제도를 마련해야 한다. 그 중심에 올바른 평가 기준이 자리 잡을 수 있도록 한다.

평가는 정성적인 내용과 정량적인 내용으로 구성된다. 정성적인 평가의 핵심은 미션, 비전, 핵심 가치가 기준이다.

평가할 때에는 평가 대상자가 조직의 목적, 비전, 핵심 가치에 얼마나 부합하는 사람인가를 보자. 이 부분은 다른 평가 내용보다 중요하며, 장기적으로 볼 때 조직의 DNA에 부합하는 사람인가를 평가하는 것이다. 즉, 조직의 정체성에 이바지하는 정도를 평가하는 것이라고 볼 수 있다.

평가는 셀프 피드백과 상호 피드백의 2가지 기법으로 접근한다. 정성적인 평가의 특성상 수치화가 어렵지만 5점 혹은 10점을 만점으로 하여 점수마다 기대되는 행동을 표현하도록 진행한다. 각 점수 영역에 부합하는 행동을 한다고 판단될 때 셀프 피드백에서 스스로 점수를 기재할 수 있고, 동료 평가도 진행할 수 있다. 두 점수를 비교하면 자신에 대한 내부 인식과 외부 인식의 차이를 알 수 있다. 그래서 그 차이를 줄여나가는 제안을 받을 수 있게 된다.

정성 평가에서 중요 요소는 업무를 기준으로 한 목적 성취다. 목적은 산출물과 다른 개념임에 주의한다.

목적은 KPI Key Performance Indicators의

지표보다 상위의 개념이다.
목적을 이루는 것이 중요하지만
지표는 그것을 보여주는 현상이다.

예를 들면 다음과 같이 생각해 볼 수 있다. CS 부서에서 고객의 서비스 만족도를 높이는 것이 목적이라고 했을 때, 목표는 고객의 서비스 만족도 30% 향상이 될 수 있다.

고객의 자사 서비스에 대한 별점 혹은 리뷰 내용이 지표가 될 수 있다. 여기서 목표가 곧 고객의 리뷰라는 논리가 성립되는 것은 아니다. 고객의 리뷰 혹은 별점은 목표 달성을 확인하는 영역 중 하나일 뿐 목표 자체는 아니기 때문이다. 목표를 달성한다고 했을 때 그것이 의미하는 바가 무엇인지에 대해 분명히 하면, 구성원들이 성과에 집중하는 데 도움이 된다.

평가 틀을 구축할 때 어떤 목표를 설정하고 어떻게 확인하는지 심사숙고한다면 평가를 부드럽게 진행할 수 있다. 이를 위해 회사 전반의 평가 틀을 구축하기 위한 TF Task Force를 실행할 필요가 있다. 이것은 구성원들과 경영진의 의견을 수렴하고, 명문화하는 프로세스로 회사의 중장기적 발전에 중요하다.

업무의 내용뿐만 아니라 각 역할이 달성해야 할 핵심 역량도 평가의 고려 대상이다. 핵심 역량을 얼마나 달성했는가는 각 역할에 대한 기대치 달성을 보여주는 지표다. 더불어 각 핵심 역량 달성 정도는 객관적인 자료가 된다. 그러니 이를 잘 구성하고 제시하는 것은 중요하다.

정성적인 평가는 업무 내용뿐만 아니라 회사의 정체성, 그 사람의 성품과 리더십 등 전반적인 부분을 다룰 수 있다. 따라서 자세한 내용을 구성할 때 구성원들은 어떤 부분에서 자신이 발전해야 하는지 파악할 수 있고, 회사가 기대하는 수준을 명확히 이해할 수 있다. 어떻게 일하고, 성과를 내야 하는지를 이해한다.

이 부분이 불명확하면 구성원들은 어떤 부분이 성과로 인정을 받는지, 어떤 부분에 자신의 시간과 노력을 투자해야 하는지 파악하지 못해 업무 불일치Misalignment가 일어날 가능성이 크다. 생산성이 낮아지고, 노동 비효율성이 점차 커지게 되는 것이다.

평가의 수치화는
객관성 확보 면에서 대단히 중요하다.

앞서 언급한 정성적인 영역이 정량적으로 변환될 수 있다. 정량화하는 방법론은 회사마다 고유의 가치와 이해에 따라서 달라진다. 회사가 무엇을 중시하는가에 따라 정량화하는 방법론과 무게감도 다르다.

물론 본래의 정량적인 평가 기준이 있다. 이를테면, 고객 관리를 담당하는 역할의 경우 시간당 담당한 고객의 수, 고객들의 회사에 대한 리뷰 점수, 고객들의 불만이 시정되는 데 걸리는 시간 같은 수치로 제시될 수 있다. 영업의 경우라면 매출과 직결되는 활동이 많이 있다. 상품이나 서비스의 판매량과 직결되는 활동들도 있다. 하지만 이렇게 정량적인 평가 기준을 제시하면, 항목이 무수히 많아진다. 이런 자료들은 회사의 경영 상황에 따라서 활용 가능하다.

경영진의 가치에 따라서 평가의 방법론이 조금씩 다를 수는 있다. 그러니 정성적인 평가와 정량적인 평가를 적절히 종합하는 방향을 제안한다. 개별적으로 상황에 맞추고자 한다면 회사마다 중점을 두는 부분에 따라서 가중치를 퍼센트로 다르게 주면 된다. 이런 방법은 최종적인 평가를 수치화해서 계산할 수 있고, 한 사람의 전반적인 평가 자료도 만들 수 있다.

유의할 점은 구성원마다 강점이 달라서 종합 점수가 그 구성원을 대표할 수는 없다. 점수로 구성원을 분류하는 것이 이 평가의 취지는 아니다. 종합적으로 개별 구성원의 역량을 한눈에 파악할 수 있다는 장점 때문에 평가를 진행한다. 구성원의 강점에 대해서 좀 더 파악하고자 할 때는 평가의 세부 내용을 살펴봐야 한다. 어떤 영역에서 높은 점수를 받았고 어떤 영역에서 낮은 점수를 받았는지, 그 이유가 무엇인지 평가자와 평가대상자 모두 이해해야 한다. 평가 이유는 구성원의 성장을 돕는 것이기 때문이다.

리더가 구성원의 성장에 책임을 진다는 의미가
행동으로 표현되는 것이 평가 시스템이다.

그러므로 평가의 내용을 잘 활용하는 것은 평가 자체보다 훨씬 중요한 과정이다. 팔로우업Follow-up 없이 평가만 하는 것은 효과가 없고, 형식에 그칠 가능성이 크다. 리더나 평가 담당자는 평가 대상자와 평가 후속 조치에 동행해야 한다. 평가 대상자가 평가 시점보다 훨씬 더 역량 있는 구성원이 될 수 있게 회사는 유연하면서 적극적인 지원을 해야 한다.

상호 확인의 프랙티스를 구축한다

평가 프로세스가 성공적으로 작동하기 위해서는 이를 담당하는 평가자들과 경영진의 뛰어난 협업과 리더십이 중요하다. 즉, 상호 확인Accountability 마음이 리더십과 조직의 전반에 존재해야 한다. 리더는 아무리 바빠도 평가를 위한 시간을 중요하게 여겨야 한다. 이것이 곧 구성원들을 위하는 태도이기 때문이다.

평가가 수월하게 진행되기 위해서는 평소 각 구성원에 관심을 많이 둔다. 그들을 관찰하고 질문하며 그들의 성품과 내면을 파악하는 노력이 필요하다. 평가 내용의 정확성을 높이기 위해서는 평상시 평가 대상자와 협업을 어떻게 해왔는지, 어떤 성과를 이루었는지 등의 일상 업무에서 소통해야 한다. 평소에 구성원을 어떻게 대하는지에 따라 평가 시스템이 제대로 작동할지가 결정된다.

중소기업의 경우, 조직 문화를 명문화하는 것이 대기업보다 더 중요할 수 있다. 대기업은 성장하는 과정에서 조직 문화가 어느 정도 자연스럽게 구축되기 때문에 일종의 행동 강령이 있다. 하지만 중소기업은 적은 사람들이 모여서 일하고 또 회사 창립이 얼마 되지 않은 경우가 많다. 즉, 어떤 태도로 어떤 사고를 해야 하는지 공유하지 않았을 가능성이 크다. 이 경우 서로에 대한 이해도의 차이와 협의 기준 부재로 갈등이 발생한다.

조직 문화는 성과 평가와 연결된다는 점에서 사전에 공유하는 것이 중요하다. 구성원들이 당황해하는 가장 큰 이유는 성과 평가가 어떻게 이루어지는지, 그 구체적인 내용을 알지 못한 채 평가 프로세스에 들어가기 때문이다.

성과 평가 시스템을 조직 내에 부드럽게 정착시키기 위해서는 조직 문화를 구체화하는 노력이 사전에 있어야 한다. 이를 통해 회사가 구성원들에게 기대하는 바를 명확히 할 수 있다.

조직 문화 내용의 핵심적인 부분은 성과 평가 기준으로 편입될 수 있다. 구성원들은 자신이 조직 생활을 하면서 어떤 태도를 보여야 하는지, 어떻게 행동하도록 노력해야 하는지를 충분히 이해하게 된다.

생산성의 프랙티스를 실천한다

조직의 리더 그룹은 생산성에 대해 명확한 가이드라인을 가져야 한다. 그냥 열심히 하라고 하거나 결과를 내도록 다그치는 태도는 효과가 없다. 구성원들과 함께 생산성을 높이는 방안을 마련해야 한다. 산업의 유형과 상태에 따라서 생산성을 측정하는 방법이 다르니, 정기적으로 생산성 가이드라인을 업데이트하고 관리한다.

구성원 또한 생산성을 지속해서 향상해야 하는 책임이 있다. 위키피디아에 따르면 생산성은 기본적으로 상품 혹은 서비스를 생산하는 효율성을 의미하지만, 그 목적과 데이터 종류에 따라서 다양한 결과가 산출될 수 있다고 한다.

국가적인 차원에서는 국가생산성National Productivity이 있다.

다양한 측정법이 있지만, 개념적으로 총산출물을 총투입량으로 나누는 방법으로 측정한다. 국가생산성National Productivity은 일한 시간당 국내총생산Gross Domestic Product의 개념으로 이해 가능하다. 우리가 관심이 많은 노동생산성Labor Productivity은 나라 경제가 시간당 만드는 산출물이다. 즉, 단위 시간의 노동Hourly Labor이 실질적으로 얼만큼의 생산Real Gross Domestic Product을 하는가이다. 그래서 국가생산성을 향상시키면 사람들이 더 많은 실질 소득을 얻어 삶의 질이 향상된다. 높은 노동생산성은 더 적은 시간이 이것을 가능하게 한다. 필요한 물건을 더 많이 사고, 더 많은 여유를 즐기고, 더 나은 교육을 받는 등의 결과가 나타난다.

회사의 생산성에 대한 관리는 개인의 생산성을 정의하는 것부터 시작한다. 생산성은 앞에서도 언급했듯이 투입 대비 산출의 양으로 이해할 수 있다. 개인 단위에서 적용하면 평가를 하는 방법이 된다.

우선 재무적으로 본다면 총매출액을 구성원의 수로 나누면 구성원당 얼마의 매출을 만드는지 알 수 있다. 절대적인 수치가 될 수는 없지만 모든 요소를 고려하여 회사의 구성원당 생산력을 이해할 수 있다. 또 부서마다 생산성을 다르게 정의할 수도 있다. 영업 부서의 경우에는 영업 실적 대비 구성원 수로 생산성을 파악한다. 연구 부서의 경우 연구 실적 대비 연구원의 수로 생산성 파악이 가능하다. 디지털 마케팅 부서의 경우 온라인에서 성과 지표가 명확하게 정의될 수 있기에 구성원당 생산성을 제시할 수 있다.

부서 그리고 구성원별 생산성의 정의가 무엇이고,
그것을 어떻게 측정할 수 있는지
가이드라인을 세우는 것이 중요하다.

그것을 기준으로 회사는 구성원들의 개인생산성을 측정하고 향상하기 위해서 다양한 지원을 할 수 있다.

피터 드러커는 「하버드 비즈니스 리뷰」에 실린 '지식-근로자 생산성: 가장 큰 과업Knowledge-worker productivity: The Biggest Challenge'이라는 기사에서 지식 사회에서 생산성을 위해 첫 번째로 해야 할 질문으로 다음을 꼽았다.

나의 과업은 무엇인가?

자신의 과업을 명확히 하는 일은 조직이 성과를 달성하도록 하는 핵심적인 질문이다. 조직에서 생산성의 가이드라인을 준비했다면 전사적으로 생산성을 관리하도록 지원한다. 이를 위해 지원 조직 혹은 담당자가 존재한다면, 회사가 생산성을 관리하는 프랙티스를 개선해 나갈 수 있다.

궁극적으로 생산성은 조직에 속한 개인이 관심을 두고 개선할 책임이 있다. 외부 환경에서 생산성을 강조하더라도 개인이 무책임한 행동을 한다면 조직이 지향하는 생산성을 달성하기는 어렵기 때문이다.

산업 유형별로 생산성이 달라서 조직마다 자신의 산업 유형에 따라서 생산성을 정의하고 요소들을 파악한다. 그다음 요소들을 다룰 수 있는 효율적인 전략과 자원을 확보한다. 내부적으로 준비가 되지 않는다면, 외부 조직이나 전문가에게 도움을 청하자.

생산성은 사람의 행동 변화와 관계가 있다는 점을 인식할 필요가 있다. 사람의 행동은 습관적이고 반복적이기 때문에 단시간에 생산성 향상을 기대하는 것은 비현실적이다. 하지만 지속적인 반복을 통해서 1년 안에 조직의 생산성이 향상되는 것을 기대할 수는 있다. 피터 드러커는 생산성 향상의 방법을 다음의 세 단계로 제시한다.

· 과업을 정의한다.

· 과업에 집중하는 환경을 구축한다.

· 퍼포먼스를 세부적으로 양과 질로 정의한다.

피터 드러커의 주장에서 단계를 발전시켜 봤다.

첫째, 과업을 정의한다.

둘째, 이바지하는 바(성과 지표)를 파악한다.

셋째, 생산성의 기준을 수립한다.

넷째, 생산성의 기준에 따라 현재 상태를 측정한다.

다섯째, 생산성의 기준에 따라 6개월 후 상태를 수립한다.

여섯째, 프로세스와 운영 행태를 파악한다.

마지막으로 생산성을 끌어올려 줄 수 있는 내부 및 외부 관리자를 선정하여 지속해서 관리한다. 생산성은 사람의 행동과 관련이 크기 때문에 행동을 다루려면 지속적인 노력이 필요하다. 코치를 고용하거나 내부 생산성 관리 담당자를 선정하여 집중 케어를 제공할 수 있다.

피터 드러커는 1999년 「캘리포니아 매니지먼트 리뷰」에 기고한 글에서 지식근로자의 생산성 향상을 위해서는 근본적으로 근로자의 태도 변화가 필요하다고 주장했다. 근로자의 개별적인 태도 변화를 위해서는 시스템적인 접근이 필요하다는 것이다. 근로자 개인의 생산성은 조직 안에서 '일하는 방식'이라는 시스템과 연결되어 있다. 피터 드러커는 이를 위해 전체 조직의 생산성을 다루기 이전에 가장 수용성이 높은 팀을 선별, 별도의 생산성 향상 파일럿 프로젝트를 진행하는 것을 제안한다. 파일럿 프로젝트를 진행하는 동안 회사 내부의 여러 장애를 극복하고, 이런 경험을 전사적으로 적용하면 리더십 그룹의 위험도가 낮아진다.

생산성은 무엇을 다루는 것인가?

조직의 생산성을 몇 가지 차원에서 다룬다. 우선은 개인적인 이슈이고 다음은 조직 시스템의 이슈다. 피터 드러커는 생산성의 이슈를 이렇게 두 관점에서 다루어야 한다고 주장한다.

개인적인 차원의 경우 지식근로자의 태도와 행동에 대한 이슈다. 더 넓게는 근로자의 동기부여와 같은 내적인 마음 상태도 생산성과 연결된다. 리더십 개발을 위한 5가지 요소인 하나 됨, 기술적 스킬, 관계적 스킬, 정체성, 관계적 성품은 지식근로자의 생산성 최적화를 돕는 도구가 된다.

조직 시스템 차원에서는 크게 보면 팀 혹은 부서 단위의 생산성에 대한 검토와 개선이라는 지속적인 실천이 있어야 한다. 특별히 시작과 끝이 있는 작업의 경우에는 한 사이클이 돌아간 후, 반드시 관련된 구성원들이 모여야 한다. 자신들의 퍼포먼스를 토론하고 어떤 개선이 가능할지 의견을 교환한다. 이렇게 교환한 의견은 바로 실무에 적용한다. 개선한 프로세스는 단위 시간당 더 많은 업무를 하거나, 더 창의적이고, 더 혁신적인 산출물을 내는 업무 방식의 바탕이 된다. 이 모든 것은 구성원들이 어떤 태도와 행동으로 일하는가에 달려있다.

왜 생산성이 중요한가?

피터 드러커는 「하버드 비즈니스 리뷰」에 기고한 1991년도 글에서 선진국에서 경제 성장의 가장 중요한 요소는 생산성을 높이는 일이라고 주장했다. 지식 및 서비스 기반의 산업에서는 더욱 그러하다. 다른 요소, 기술이나 자본은 생산성 계산의 요소는 될 수 있지만, 실제적으로 작용하지는 못한다. 이는 자본 집약적인 병원을 예로 이해할 수 있다. 현대 병원에는 최첨단 기술이 적용된다. 하지만 그러한 기술들을 제대로 활용하는 지식근로자가 없다면 생산성은 낮을 수밖에 없다. 과거부터 오늘까지 병원의 업무는 환자를 치료하는 서비스다. 기술은 그러한 것을 획기적으로 개선할 수는 있지만, 지식근로자 없이는 기술에만 머무를 수 있기 때문이다. 현대의 지식정보 사회에서 높은 생산성을 만들어 나가는 것은 경쟁력을 갖추는 유일한 길이다.

생산성을 높이는 환경적인 요소는 무엇인가?

생산성을 높이는 과정은 어렵다. 주체가 노동자 자신이어야 하기 때문이다. 노동자는 자신의 생산성에 대해서 궁금해하지 않는다. 그저 일할 뿐이다. 더 잘 일하기 위해 탐구하지 않는다. 그것은 시간 낭비이고 바쁜 일상에 방해가 된다고 생각한다.

조직은 생산성에 특별한 관심을 지속해서 구성원들에게 표출해야 한다. 그들이 스스로 질문을 던지고 개선할 수 있는 환경을 구축해야 한다. 그러려면 구성원이 좀 더 주체적이고 적극적이며 책임감 있는 직업인이 되어야 한다. 이를 위해 구성원이 회사와 파트너십 관계에 있다는 깊은 이해가 필요하다.

파트너십은 상호 간의 이익을 위해서 협력하는 관계다. 서로 돕고 지원하는 관계인 것이다. 파트너십 관점이 구성원들에게 없다면, 생산성 개선은 무척이나 어려운 일이 된다. 구성원들은 자신이 하는 일을 다른 사람에게 가르칠 때 더 많이 배운다. 생산성이 뛰어난 구성원이 다른 구성원에게 자신의 업무 방식을 소개하고 가르치는 것도 생산성 향상의 중요한 환경 요인이 될 수 있다. 결론적으로 리더는 개인과 조직의 생산성에 관한 정의를 내리고, 효율적인 달성을 위해 필요한 영향들을 파악해야 한다. 다음과 같은 질문에 답변하는 것도 도움이 된다.

· 어떤 환경에서 나의 생산성이 향상되는가?
· 어떤 환경에서 조직의 생산성이 향상되는가?
· 생산성 향상을 위해서 어느 부분에 투자가 필요한가?
· 개인의 생산성 향상을 위한 구성원 관리 기법은?
· 그리고 이것이 조직의 문화로 정착이 되어있는가?

조직의 생산성과 관련된 요인으로 위키피디아는 이렇게 제시한다. 본 장을 요약하는 내용이라 공유한다.

'개인과 팀은 좋은 매니저에게 긍정적으로 반응한다. 이것은 개인과 팀에 효율성을 창출한다. 강한 매니저에게 개인과 팀이 자신감으로 반응하여 더 생산적이게 된다. 개인은 더 나은 업무 환경을 구축하는 매니저에게 신뢰를 가지게 되고 이는 생산성 향상으로 이어진다. 윤리적인 환경은 더 높은 생산성을 가져온다. 좋은 매니저는 전환율을 낮추고, 이는 더 유능한 인재 풀을 만들어서 생산성을 향상한다.'

프랙티스를 위한 질문 10

‣ 당신은 가족 외에 누구에게 책임감을 가지는가?
  당신은 책임감을 실천할 때 어떤 행동을 지속하는가?

‣ 당신의 동료는 당신을 감시하는 평가자로 보는가 아니면
  성장을 책임지는 리더로 보는가? 그렇게 말하는 근거는
  무엇인가?

‣ 조직 안에서 서로에 대한 성장을 책임지는 프랙티스는
  구체적으로 어떤 행동을 요구하는가?

‣ 당신의 조직은 성장에 대한 기준을 명확히 제시하는가?
  만일 지금 제시한다면 어떤 기준을 제시하겠는가?

‣ 당신의 조직은 생산성에 대한 어떤 기준을 제시하는가?

‣ 위의 기준을 충족시키려면 어떤 요소를 고려해야 하는가?

‣ 조직의 생산성을 높이기 위해서 리더는 어떤 프랙티스를
  할 수 있는가?

Part 4

리더는 프랙티스한다

11

성품과 행동을 프랙티스하라

리더십 모델을 구축한다

MZ 세대가 조직에 적응하지 못하는 이유는 뭘까? 그중 하나는 조직이 이 세대를 이해하지 못해서이고, 또 하나는 MZ 세대가 조직을 오해하고 있기 때문이다.

조직이 운영되는 원리에 대한 이해가 경영진이나 구성원들 모두에게 중요해졌다. 조직 운영 원리의 근본적인 영역은 이 책에서 다루는 리더십 철학과 연결된다. 각 조직은 사람을 이해하는 기본적인 틀이 어떤 것인지 명확하게 다루어야 한다. 사람을 키워내는 조직이라면 어떤 행동 양식을 선호하든지 모든 구성원이 자유롭게 토론할 수 있어야 한다. 리더십 모델은 회사 컨설팅을 하면서 자주 언급하는 용어다.

리더십에는 다양한 색깔과 유형이 있다. 유행하는 리더십 유형은 때에 따라 다르다. 종류도 많다. 회사마다 중요하게 생각하는 가치를 내재화하는 리더십 모델이 경쟁력 있는 방향 아닐까? 리더십은 조직의 구성원들이 함께 추구하는 것이다. 한 조직 안에 어떤 사람들이 모여있는가가 그 유형을 결정하는 핵심 요인이다. 리더십 모델을 세울 때 다음의 과정을 통해서 진행한다면, 회사 맞춤형의 인적 자원 개발을 지속해서 발전시킬 수 있다.

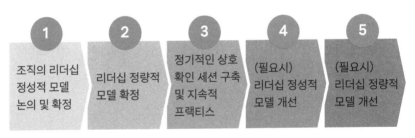

1	2	3	4	5
조직의 리더십 정성적 모델 논의 및 확정	리더십 정량적 모델 확정	정기적인 상호 확인 세션 구축 및 지속적 프랙티스	(필요시) 리더십 정성적 모델 개선	(필요시) 리더십 정량적 모델 개선

리더십 모델 수립 과정

위 모델은 아주 큰 그림에서의 리더십을 제시한 내용이고 좀 더 구체적이고 다양한 리더십 모델이 존재한다.

조직 내부에 리더십 모델을 구축하는 것은 지속 가능한 리더의 양성을 위해서 중요하다. 외부에서 한 번씩 초청하는 리더십 강의 혹은 워크샵은 프랙티스가 부재하기 때문에, 지식만 많고 훈련이 없는 불균형적인 리더를 양성할 가능성이 크다.

회사 리더들이 볼 때 리더십 모델과 비즈니스 성과의 연결성은 높지 않다고 생각할 수 있다. 하지만 장기적인 비즈니스 성과를 기준으로 하면, 연결성이 높다. 인적 역량의 강화가 곧 조직과 회사의 경쟁력 강화로 이어지기 때문이다. 비즈니스 성과와 리더십 모델 개발이라는 두 축으로 조직 문화를 구축하는 것이 현실적인 대안이다.

리더십이 개발되기 위해서는 모델이 필요하다. 물론 리더십에는 이론적인 토대가 있다. 유명한 학술지나 경영 관련 서적들을 참고하면 토대는 어렵지 않게 찾을 수 있다. 하지만 이론은 이론일 뿐, 실제로 프랙티스하는 리더가 있어야 주변의 사람들이 그 리더십을 모델로 삼고 자신의 리더십을 개발할 수 있다.

누구에게나 리더십 모델이 필요하다. 직장 내에서 찾을 수 있다면 가장 좋겠지만, 그렇지 않다면 외부에서라도 찾아야 한다. 지금 리더십 모델을 찾는 사람도 앞으로는 누군가에게 리더십 모델이 되어야 한다. 중간관리자가 되어 누군가에게 영향력을 주는 위치에 있다면, 리더십 모델로 활동할 수 있다. 훌륭한 리더는 스스로가 리더십 모델이 된다. 우연에 맡기거나 주변 사람이 알아서 배우라는 태도가 아니라, 치밀하고 의도적으로 주변 사람들에게 리더십 모델이 되도록 노력한다.

이런 리더는 자신의 말과 행동은 물론 다른 사람과의 관계도 리더십 모델에 따라 의도적으로 관리한다. 결국에 훌륭한 리더는 누군가에게 리더십 모델이 되므로 조직 안에서 중요한 역할을 담당하게 된다.

프랙티스를 통해 다른 리더를 양성한다

훌륭한 리더는 그들이 떠난 자리에 남을 값진 유산은 '사람'이라는 것을 안다. 그래서 그들을 통해서 프랙티스를 실천하는 리더가 배출되도록 젊은 리더를 훈련한다.

사람을 키우는 욕구는 그들의 존재 방식과 관련이 있다. 직장에서 그러한 일을 하거나 그것이 가능하지 않다고 판단하면 직장 밖에서 그 일을 한다. 한 사람의 리더가 가진 막강한 영향력을 우리는 알고 있다. 한 사람을 통해서 조직이 성공하고, 문화가 바뀌기도 한다. 한 리더의 영향력 아래에 있는 사람들이 행복하게 일하고 성장하는 것이 단 한 사람 덕분에 가능하다는 것을 경험으로 안다.

그런 리더는 자신이 그러한 사람이 될 수 있도록 훈련해 준

또 다른 리더의 영향력 아래에 있다. 직장에서의 성과는 사람을 훈련시키고 성장시키는 것을 통해 자연스럽게 창출된다는 것을 믿는다. 리더를 훈련한 결과로 나타나는 것이 일의 성과다. 조직 문화가 구축되고 비즈니스가 확장된다.

10년 전에 미국의 한 국제기관에서 인턴으로 근무할 때 훌륭한 리더를 만났다. 그 리더는 세계 각국을 돌아다니며 일했다. 마침 워싱턴 D.C. 본사로 돌아와 근무를 시작했는데 근처에서 일하던 나와 연결이 됐다. 내가 모델로 삼고 싶은 리더를 비로소 찾았다.

첫 만남에서부터 사람을 향한 열정을 느꼈다. 어떻게 보면 나도 직관적으로 느꼈기 때문에 좀 더 편하게 나를 오픈했다. 그렇게 진솔한 대화를 나눌 수 있었다. 우리는 직장 밖에서도 자주 만났다. 개별적인 프로젝트를 몇몇 나라에서 함께 추진하기도 했다.

우리의 관계는 10년 이상 지속되었다. 그동안 그는 자신이 가진 리더십 훈련 모델을 나에게 적용하며, 내가 프랙티스하도록 도왔다. 자신이 프랙티스받은 대로 나를 지도했고, 때로는 건설적인 피드백으로 내가 성장해야 할 영역을 보여주었다.

리더는 또 다른 리더를 양성하기 위해서 기꺼이 자신의 시간을 내준다. 아무리 바쁜 일이 있더라도 자신이 키워야 할 사람과의 시간을 미루지 않는다. 적절한 시간 간격으로 지속해서 만나고, 성장을 관찰하고, 질문하고, 건설적인 피드백을 준다. 프랙티스를 함께하는 리더의 성공을 진심으로 축하해 주며 기뻐한다. 또 어려움에 공감하고 함께한다는 메시지를 던진다.

하지만 좋은 결과를 떠먹여 주는 대신 스스로 이루어낼 수 있도록 적절한 거리를 유지하며 지켜본다. 대가 없이 자신의 시간을 주는 행위는 숭고한 사랑의 표현이고 자신의 신념을 지키는 실천이다. 이것을 경험한 리더는 자신도 대가 없이 사람을 키워내겠다는 다짐을 한다. 그것이 자신이 추구해야 할 일의 본질임을 알게 된다.

리더는 자신이 훈련한 리더를 자신의 울타리 안에만 가두어 두지 않는다. 자신이 훈련하는 때와 기한을 알고 있다. 그래서 훈련할 수 있는 영역이 모두 충족되면 자유롭게 꿈을 펼치도록 그리고 잠재력을 실현하도록 놓아준다.

훌륭한 리더는 자신의 한계를 알고 있으며 기한이 되면 냉철하게 떠난다. 그리고 그가 훈련한 사람들의 기억 속에 아름다운 유산으로 남는 것을 기뻐한다.

성품과 행동의 균형을 프랙티스한다

리더는 조직의 사람들이 '성품'과 '행동'에 관해 질문할 때 솔선

수범하여 답한다.

전자는 존재Being에 관한 질문이고 후자는 변화와 성장을 거듭하는 행동Doing에 관한 질문이다. 전자는 장기적인 관점, 즉 10년 이상의 시간 범위에 대한 질문이지만, 후자는 단기적인 관점, 즉 수개월에서 수년에 걸친 시간에 대한 질문이다.

또 전자는 급하지 않은 영역의 질문이라면, 후자는 급한 영역의 질문이다. 전자는 방향성의 질문이고, 후자는 실천과 관련된 질문이다. 전자는 형이상학적인 내용이 주를 이루고, 후자는 형이하학적인 내용이다.

훌륭한 리더는 이 두 영역을 주도적으로 다루어야 하고 큰 범주 안에서 두 영역에 균형 있게 투자해야 한다는 것을 알고 실천한다. 일의 본질이 결국 사람에 관한 것임을 안다. 앞서 언급한 이 2가지의 질문 영역에 답하려고 노력하며 조직을 이끌어간다는 뜻이다.

다음 표는 존재와 행동에 대한 특성을 비교한 것이다.

빠르게 성장하는 스타트업 혹은 소기업에서는 이러한 성품과 행동의 균형을 프랙티스하는 것이 중요하다. 10명 이하의 소기업 규모에서는 대표 한 사람이 모든 구성원을 관리할 수 있지만, 10명이 넘어가면 조직 관리가 필요하기 때문이다. 대표와 함께 조직을 관리할 리더가 필요하다.

존재(Being)	행동(Doing)
지속성	다양성
장기적	단기적
덜 급한 영역	급한 영역
형이상학적	형이하학적
미래의 보상	현재의 보상

　문제는 성장하는 기업일수록 실무에서 할 일이 너무 많다는 이유로 리더십 양성에는 소홀해진다는 점이다. 사실 리더십 양성을 어떻게 할지 제대로 된 로드맵을 파악하는 대표를 잘 보지 못했다. 빠르게 성장하는 조직일수록 사람들 때문에 마음이 상하고, 조직 내 갈등 이슈로 스트레스를 받는 상황이 많다는 점이 아쉽다.

　리더십 개발에 실패하면 회사의 성장과 비즈니스 확장 기회를 놓칠 수도 있다. 훌륭한 리더는 조직이 커지기 전에 미리 자신과 같은 리더를 양성한다. 필요한 리더십 모델을 구축하고 성품과 행동을 프랙티스하는 데 시간과 에너지를 투자한다.

　위의 두 경우를 모두 실패해서 대단히 어려운 시기를 겪는 회사를 컨설팅했다. 창업자는 동업자와의 연합에 실패하여, 두 동업자가 회사를 떠나는 어려움이 있었다. 이후에는 혼자서 구성원들을 관리했지만, 중간관리자를 양성하지 못해 조직 관리에 어려움을 겪었다.

리더를 양성하는 것이 우선순위에서 밀리게 되면, 조직 내부에 균열이 가기 시작한다. 많은 기업이 중간관리자의 역할을 업무 영역으로만 한정하는데, 이것은 큰 실수다. 중간관리자가 되는 사람에게는 자신의 역할에 대한 명확한 이해가 필요하다. 회사가 중간관리자의 역할을 맡는 사람에게 알려주어야 한다. 중간관리자는 업무만 보는 사람이 아니다. 사람을 관리하는 사람이다. 회사 차원의 인식 전환이 필요한 것이다.

앞서 언급한 '기대 수준의 조율'을 중간관리자에게 적용할 수 있다. 중간관리자가 시간을 투자해야 하는 중요한 영역에는 구성원들의 존재를 알아주는 것도 포함된다. 이때 관리자 이상의 직급부터는 역할 규정문서가 도움이 된다. 중간관리자는 자신의 업무 외에도 사람을 훈련하는 역할을 맡는다. 자신이 훈련을 받은 대로 다른 사람을 훈련하게 된다. 스타트업의 경우 회사의 인력 훈련 방식이 정착되지 않았기 때문에 인력 개발에서 많은 어려움을 겪는다. 회사가 추구하는 리더십 개발은 직접 할 수도 있지만, 외부의 좋은 사례를 가져와서 회사에 맞게 조정하여 적용할 수도 있다.

직장은 리더십 개발의 장場이 되어야 한다. 내 경험에 따르면 리더십 개발이 제대로 이루어지는 직장은 드물다. 이것은 기업의 손해일 뿐만 아니라 국가적인 손실이다. 미래를 이끌어 가는 리더 양성의 실제적인 기관은 기업이 아니고는 대안을 찾기가 어렵기 때문이다.

조직이 변해야 한다. 직장인들은 대부분 시간을 직업 현장에서 보낸다. 그래서 직장을 떠나 리더십을 배울 수 있는 다른 대안을 찾는 것은 불가능하다. 무엇보다 리더십 개발은 MBA와 같은 이론 수업으로 얻을 수 있는 역량이 아니다. 리더십 교육은 리더가 시간과 노력을 들여서 자식을 키워내듯 훈련을 통해서 키워내는 것이다.

코칭을 프랙티스한다

리더십 중에서 코칭 리더십은 앞으로의 시대가 요구하는 리더십 유형이다. 코칭 리더십은 인간 이해를 바탕으로 다른 사람에게 영향력을 *끼치는* 리더십이다. 다가오는 시대를 준비하고, 사람을 키워내기 위해 코칭 리더십 훈련을 회사에 도입하자. 현장에 적용 가능한 실용적인 도구가 된다.

코칭이라는 학문에는 기본적으로 요구하는 신념과 실무적 가이드라인이 함께 존재한다. 인재 양성의 관점에서 실행하는 전문가가 더 많아져야 한다.

코칭은 기본적으로 1:1 형식으로 이루어진다. 리더가 구성원을 1:1로 코칭하는 경우가 이에 해당한다. 혹은 동료끼리 1:1 코칭 버디를 만들어 성장을 도모할 수 있다.

그룹으로 이루어지는 코칭도 있다. 이는 그룹마다 코치가 배정되어 그룹의 의제를 성취하기 위해 공동의 노력을 할 때 해당한다. 많은 경우 1:1 코칭과 그룹 코칭이 혼합된 블렌디드 형식의 코칭을 도입하여 진행한다.

조직개발 코칭 및 컨설팅을 할 때 학술 보고서, 논문, 기사 등을 바탕으로 개발한 전인적 리더십 개발 차트Whole-person Leadership Chart를 사용한다. 중소기업을 효과적으로 돕기 위해 만든 차트인데, 개인의 성장을 정량화하고 지속해서 관리할 수 있다는 점에서 유용하다. 수년간 진행한 개인 코칭 및 그룹 코칭에서 그 효과에 관해 대다수의 사람에게 긍정적인 피드백을 받았다.

전인적 리더십 차트는 두 영역인 성품Character과 스킬Skills로 구성된다. 성품은 개인의 정체성Identity과 관계적 성품Relational Character으로 구분된다. 스킬은 다시 기술적 스킬Technical Skills과 관계적 스킬Relational Skills로 구분된다.

조직 관리에서 흔히 다루는 조직 일관성Alignment을 여기에 더한다. 개인이 팀과 회사의 방향성을 고려하고 열 맞추어 전진할 수 있도록 인식을 확장한다.

보통 취업을 위해서는 기술적 스킬이 중요하다고 알고 있다. 이러한 역량을 키우기 위해서 학원을 다니고, 인터넷 강의를 들으면서 자격증을 따기도 한다. 하지만 성취하는 행동은 그러한 기술적인 면뿐만 아니라 관계적 스킬도 큰 역할을 차지한다.

요즘 업무를 혼자서 하는 경우는 드물다. 보통 팀으로 일하고 자신이 할 수 없는 업무는 다른 사람이 대신 하는 경우가 흔하다. 협업을 통해서 목적을 달성하는 것이다. 이러한 관점에서 무엇을 성취하는 스킬은 나의 기술적인 역량뿐만 아니라 다른 사람과의 관계에서 어떻게 일을 진전시키는가에 달려있다고 해도 과언이 아니다. 전인적 리더십 차트는 이러한 관점에서 고객이 개발할 관계적 스킬이 무엇인지를 드러내고 이것을 개발하도록 지원할 수 있다.

직장인 대부분 자신의 정체성이 불분명한 경우가 많다. 자신의 삶이 현재 어디에 있고, 어디로 나아가고 있는지, 삶의 비전이 무엇인지 그리고 자신의 가치가 무엇인지와 같은 행동의 깊은 곳에 있는 동기적 요소가 뚜렷하지 않다.

전인적 리더십 차트는 이런 내용을 구체화하고 명확해지도록 돕는다. 개인의 정체성을 유지하면서 다른 사람과 어떻게 관계해야 하는지 안내한다. 자신의 색깔은 분명하게 갖는 동시에 다른 사람과 잘 지내면서 업무 성과를 내게 한다.

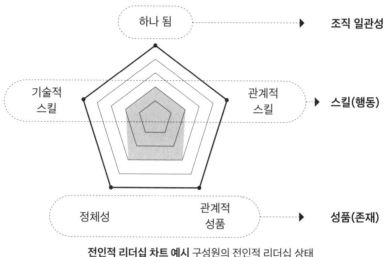

전인적 리더십 차트 예시 구성원의 전인적 리더십 상태

위의 차트는 내 고객사 구성원의 전인적 리더십 상태를 표현한 것이다. 5가지 요소에서 모두 2-3점이다. 전반적으로 육성이 필요하다.

스킬에서는 기술적, 관계적 모두 2점이다. 리더는 이 사람의 두 영역을 개발하기 위해 우선순위에 따라서 시간과 비용을 투입할 수 있다. 정체성과 관계적 성품은 모두 3점이라 보통 수준이다. 리더는 이 두 영역을 개발하기 위해서 가이드를 제공할 수 있다. 하나 됨 요소 역시 2점으로 회사의 목표와 일관화가 부족하다는 것이 보인다. 이에 대한 원인을 분석하고 높은 업무 일관성을 갖추기 위한 리더의 지도가 필요하다.

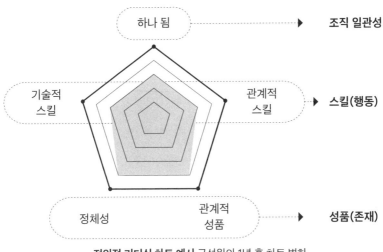

전인적 리더십 차트 예시 구성원의 1년 후 차트 변화

　1년 후 성과 평가 시점에서 다시 전인적 리더십 차트를 분석해 보자. 리더와 구성원이 모두 노력한 결과로 전 부분에서 점수가 1점씩 향상되었다. 이렇게 성과를 평가하면서 구성원을 육성하면 더 효과적이고 효율적인 성장 프로그램이 회사 내에 갖추어진다.

　우리는 지금까지 리더십 개발이라는 용어를 많이 들었지만, 구체적으로 무엇을 어떻게 하는지 체계적인 접근법은 알지 못했다. 전인적 리더십 차트를 활용하면, 기업마다 리더십 유형을 정의하고 그에 따라서 구성원, 중간관리자, 임원급 이상을 훈련하고 교육할 수가 있다.

더욱 중요한 것은 이러한 리더십 개발이 일회성으로 끝나는 것이 아니라 연속해서 이루어질 수 있고 또 그래야만 한다는 점이다. 지속적인 훈련과 개발은 절대로 개인의 노력만으로 가능하지 않다. 사람의 성장을 관리해 주는 코치와 같은 사람이 지속해서 관심을 가져야 한다. 마치 식물을 키울 때 물을 주고 잡초를 제거하는 것 같은 외부의 도움이 필요하다.

소기업이나 중견기업은 구성원의 리더십 개발을 회사 내의 프로그램에 의지할 수도 있지만, 더 좋은 방법은 전문적인 코칭펌과 파트너십을 통해서 그러한 니즈를 계속해서 체계적으로 해결하는 것이다.

실천 커뮤니티를 프랙티스한다

엠더블유 테이블MW Table이라는 실천 커뮤니티Community of Practice를 온라인으로 운영하고 있다. 2022년 5월부터 시작했다. 전문가가 자기 영역의 지식을 공유하면서 참여자에게 건설적인 피드백을 받는다. 이 모임의 목적은 더 나은 지식 공유를 할 수 있도록 훈련하는 데 있다. 이런 프랙티스는 리더십 모델을 적용하기 위한 하나의 프로그램이 될 수 있다.

모임에 참여하는 전문가들은 다른 전문가의 발표를 경청하기 위해 자신의 시간을 투자한다. 이런 활동은 전문가로서 사람에 관심을 기울여야 한다는 걸 점검하고 실천하는 계기가 된다. 다른 전문가의 발표를 듣고 칭찬과 건설적인 피드백을 하다 보면 자연스럽게 얻는 게 있다. 조직에서도 다른 동료 혹은 구성원의 의견을 경청하고, 긍정적 피드백을 하는 훈련을 할 수 있다.

엠더블유 테이블은 실천하는 장이다. 리더로서 프랙티스하게 만든다.

프랙티스를 위한 질문 11

‣ 리더십 모델이 필요하다고 생각하는가? 근거는 무엇인가?

‣ 당신의 리더십 모델에서 각 요소가 기대하는 성품과 행동은
  무엇인가? 체크리스트를 작성하고 나누어보자.

‣ 누구를 리더로 양성하고 있는가? 회사 내부 혹은 외부에
  당신이 특별히 관심을 두고 시간과 노력을 투자하는 사람이
  존재하는가? 어떻게 하고 있는지 나누어보라.

‣ 조직 내에서 성품과 행동의 균형을 어떻게 프랙티스하는가?
  이 책을 통해서 어떤 프랙티스를 실천하겠다고 다짐했는가?

‣ 코칭이 리더십 프랙티스에 어떤 도움이 되는가?

‣ 실천 커뮤니티를 만든다면 어떤 주제로 구성하겠는가?

‣ 당신이 훌륭한 리더가 되기 위해 필요한 도움은 무엇인가?
  누가 그런 지원을 해줄 수 있는가?

‣ 현재 상황에서 프랙티스한다고 할 때 어떤 장애가
  예상되는가? 그것을 제거하기 위해 어떤 환경을 만들겠는가?

‣ 성품과 행동의 균형을 프랙티스한다면, 얼마나 많은
  사람이 도움을 받겠는가? 그 영향력은 어떠한가?

12

사람의 진정한 가치를 보라

우리 주변에는 작고 사소한 기쁨이 늘 존재한다. 이런 기쁨들을 놓친다면, 어쩌면 인생에서 가장 행복한 순간을 놓치는 것이다. 우리 주변의 놓치기 쉬운 기쁨은 무엇인가?

바로 나와 함께하는 사람이다.

나의 비전에 동참하는 사람이다. 성과의 유무를 떠나서 나와 함께하는 사람은 내가 미처 발견하지 못했던 기쁨이고 감사이며 선물이다. 리더가 내면의 눈을 뜨고 주변 사람의 가치를 재

발견한다면, 삶은 더 풍성해질 것이고 더 큰 행복으로 채워질 것이다. 주변 사람들의 몰랐던 성품과 역량을 발견하는 소소한 기쁨은 호기심을 채우고, 더욱 성과를 내는 리더로 만들어줄 것이다.

안타까운 건, 대부분 그러한 기쁨을 발견하도록 훈련받지 못했다는 사실이다. 어려서부터 치열한 경쟁 속에서 자랐고, 좋은 대학 그리고 좋은 직장에 취직하기 위해 주변 사람을 돌아볼 기회를 얻지 못했다. 그런 환경에서 사람의 가치를 보는 눈을 뜨지 못했고, 어떻게 하는지 방법도 알지 못했다. 무엇보다 내면과 행동이 그러한 방향으로 움직이지 않았다. 다 알고 있어도 그렇게 살지 못하는 존재가 되었다. 성과를 위해서 노력하다가 존재를 가능하게 하는 사람을 보지 못하고 지나친다.

사실 이 책은 "나는 어떤 존재로 살고 싶은가?"라는 질문에서 시작했다. 스스로 좋은 영향력을 줄 수 있는 존재이기를 대부분의 리더는 바랄 것이다. 훌륭한 리더는 프랙티스를 통해서 자신의 구성원들을 더 깊이 이해하고, 이러한 이해를 바탕으로 점차 훌륭한 리더십 모델을 구축할 수 있다고 믿는다. 내면에서 밖으로 변화를 끌어내기 위해서는 방향성이 중요하다. 방향성과 구체적인 프랙티스 방법은 현장에 있는 리더가 누구보다 잘 알 거라고 본다. 시간과 노력이 들어가지만, 어느 리더든 충분히 할 수 있다.

같은 마음을 가진 조직 내의 리더들은 함께 실천 커뮤니티를 프랙티스할 수 있다. 저자인 나도 훌륭한 리더가 되기 위해서 지금도 나만의 방식으로 같은 뜻을 가진 동료들과 프랙티스한다.

세계에서 10위권으로 잘사는 우리나라가 풍족한 만큼 행복하지 않은 것은 비극이다. 행복경제학자 리차드 이스털린 Richard A. Easterlin 박사의 "소득이 증가할수록 행복이 비례해서 증가하지 않는다."라는 '이스털린 패러독스Easterlin Paradox'를 우리나라의 각계각층에서 경험한다. 뉴스를 보면 가슴이 서늘해지는 안타까운 소식을 접한다. 리더가 매출이나 경제적 이윤에 집중하는 성과 중심의 사람 관리에서 벗어나서, 사람을 존재 중심으로 대하기 시작한다면 이스털린 패러독스를 초월하는 나라를 후세대에 물려주지 않을까? 이렇게 리더는 우리 사회에 행복지수를 높이는 영향력을 갖는다.

리더인 당신은 이제 눈을 떠야 한다. 자신에게 가장 가까운 사람의 진정한 가치를 보는 눈 말이다.

2017년 2월. 나는 아버지에게 전화를 걸어 아내의 임신 소식을 알렸다.

"아기를 가졌어요, 아버지."
"그래? 축하한다."

　부자간의 대화는 짧았지만, 많은 말을 함축했다. 아버지는 나의 첫 아이를 보지 못하고 돌아가셨다. 한 생명이 그렇게 가고, 한 생명이 태어났다. 첫 딸은 슬픔 뒤에 갑자기 주어진 기쁨이었다. '선물'이라고 느꼈다. 그래서 이름에 '은혜'라는 의미를 주었다. 내 삶은 아이와 함께 소소한 기쁨과 감사로 채워졌다.

　2022년 7월. 첫째, 둘째 아이와 파도를 타며 속초의 푸른 바다를 즐겼다. 해변에 앉아 셋째와 놀던 아내는 우리의 모습을 연신 카메라에 담았다. 푸른 하늘과 맑은 바다, 아이들의 웃음소리. 아내의 미소가 새삼스럽게 행복으로 밀려왔다. 그때 발바닥에 무언가가 느껴졌다. 처음 본 조개였는데, 바지락이었다. 그날 우리는 바지락을 한 소쿠리 담아 집으로 돌아왔다. 뜻밖의 수확에 다 같이 기뻐했다. 이렇게 작은 기쁨과 행복은 내 삶 가까이에 있다. 가족도, 바다도, 바지락도 늘 곁에 있었는데, 행하지 않아서 알지 못했던 것뿐이다.

작고 사소한 기쁨을 인식하면서 말과 행동을 프랙티스할 때다. 가족의 리더로서, 조직의 리더로서. 그렇게 할 때 내면으로부터 변화를 끌어낼 수 있다. 리더의 영향력은 극대화된다. 한 생명을 살릴 수 있을 만큼 그 영향은 막대하다.

마지막으로 특별한 분들에게 감사를 전하고 싶다.

이 책은 '절대 포기하지 마라.'라는 명언을 마음에 새겨준 하늘에 있는 아버지 그리고 내 삶의 가치 형성에 기여한 어머니 삶의 열매다. 사람을 향한 열정으로 기꺼이 출판해 주신 북소울 강인선 대표님과 편집부, 책을 집필하도록 용기와 격려를 주신 라브리의 성인경 간사님, 나의 롤모델이며 전문 코치가 되도록 지도해 주신 데이비드 윌리엄스Daivd Williams 코치님, 평범함에서 깊은 의미를 보도록 눈을 뜨게 한 게일 헨로떼Gayle A. Henrotte 교수님, 보스톤 유학 시절부터 지금까지 기쁨과 슬픔을 함께하며 상호 확인 프랙티스로 내 삶을 지탱해 준 친구들 프랭크Frank, 갈렙Caleb, 레반스Revanth, 전문 코치가 되도록 실질적인 도움을 주신 하우코칭사관학교의 교수님들과 동료들 그리고 지속적인 격려와 피드백을 준 사랑하는 아내에게 고마움을 전한다. 그동안 나의 리더였던 모든 분에게 이 책을 바친다.

지현석

북소울

영혼을 담은 책 '북소울'은 더 나은 삶을 위한
(주)거북이북스의 출판 브랜드입니다.